1판 2쇄 발행 2022년 11월 10일

글쓴이	서지원
그린이	성두현
편집	이용혁
디자인	문지현 오나경
펴낸이	이경민
펴낸곳	㈜동아엠앤비
출판등록	2014년 3월 28일(제25100-2014-000025호)
주소	(03737) 서울특별시 서대문구 충정로 35-17 인촌빌딩 1층
홈페이지	www.moongchibooks.com
전화	(편집) 02-392-6901 (마케팅) 02-392-6900
팩스	02-392-6902
전자우편	damnb0401@naver.com
SNS	

ISBN 979-11-6363-310-5 (74400)

※ 잘못된 책은 구입한 곳에서 바꿔 드립니다.
※ 이 책에 실린 사진은 위키피디아, 셔터스톡에서 제공받았습니다.

도서출판 뭉치는 ㈜동아엠앤비의 어린이 출판 브랜드로, 아이들의 지식을 단단하게 만들어주고, 아이들의 창의력과 사고력을 키워주어 우리 자녀들이 융합형 창의 사고뭉치로 성장할 수 있도록 좋은 책을 만들겠습니다.

펴내는 글

우리나라에 들어온 외래 동식물에는 어떤 것들이 있을까?
외래 동식물은 무조건 나쁘기만 할까?

선생님의 질문에 교실은 일순간 조용해지기 시작합니다. 인내심이 한계에 다다른 선생님께서 콕 집어 누군가의 이름을 부르는 순간 내가 걸리지 않았다는 안도감에 금세 평온을 되찾지요. 많은 사람 앞에서 어떻게 말을 해야 할까 고민 한번 해 보지 않은 사람은 없을 겁니다.

사람들 앞에서 자신의 생각을 조리 있게 전달하는 기술은 국어 수업 시간에만 필요한 것이 아닙니다. 학교 교실뿐만 아니라 상급 학교 면접 자리 또는 성인이 된 후 회의에서도 자신의 의견을 분명히 표현할 수 있어야 합니다. 하지만 어디서부터 시작해야 할지 몰라 입을 떼는 일이 쉽지 않습니다. 혀끝에서 맴돌다 삼켜 버리는 일도 종종 있습니다. 얼떨결에 한마디 말을 하게 되더라도 뭔가 부족한 설명에 왠지 아쉬움이 들 때도 많습니다.

논리적 사고 과정과 순발력까지 필요로 하는 토론장에서 자신만의 목소리를 내려면 풍부한 배경지식은 기본입니다. 게다가 고학년으로 올라가서 배우는 수업과 진학 시험에서의 논술은 교과서 속의 내용만을 요구하지 않습니다. 또한 상대의 의견을 받아들이거나 비판하기 위해서도 의견의 타당성과 높은 수준의 가치 판단을 해야 하는 경우가 많은데, 자신의 입장을 분명히 하기 위해선 풍부한 자료와 논거가 필요합니다.

토론왕 시리즈는 우리주변에서 일어나는 다양한 사건과 시사 상식 그리고 해마다 반복되는 화젯거리 등을 초등학교 수준에서 학습하고 자신의 말로 표현할 수 있도록 기획되었습니다. 체계적이고 널리 인정받은 여러 콘텐츠를 수집해 정리하였고, 전문 작가들이 학생들의 발달 상황에 맞게 스토리를 구성하였습니다. 개별적으로 만들어진 교과서에서는 접할 수 없는 구성으로 주제와 내용을 엮어 어린 독자들이 과학적 사고뿐만 아니라 문제 해결력, 비판적 사고력을 두루 경험할 수 있도록 하였습니다. 폭넓은 정보를 서로 연결 지어 설명함으로써 교과별로 조각나 있는 지식을 엮어 배경지식을 보다 탄탄하게 만들어 줍니다. 뿐만 아니라 국어를 기본으로 과학에서부터 역사, 지리, 사회, 예술에 이르기까지 상식과 사회에 대한 감각을 익히고 세상을 올바르게 바라보는 눈도 갖게 할 것입니다.

　『생태계의 파괴자? 외래 동식물』은 우리나라에 서식하는 외래 동식물을 소개하는 데에서 그치지 않고, 외래 동식물이 우리 생활에 어떤 영향을 미치는지 과학적인 방법으로 설명하고 있습니다. 단순히 외부에서 온 것이니만큼 무조건 배척할 것이 아니라, 현재 상황에서 외래 동식물이 일으키는 문제를 어떻게 풀어 나갈 것인지 체계적으로 고민하는 시간이 될 것입니다.

편집부

펴내는 글 · 4
생태계가 뭐지? · 8

 **1장 숲속의 생태계 · 11**

생태계란 무엇일까

위태로운 생태계의 균형

생태계가 파괴되면 어떻게 될까?

▸ 토론왕 되기!! 먹이사슬의 최종 소비자는 누구일까?
생태계가 파괴되면 복원이 가능할까?

 **2장 생태계의 악당들 · 33**

외래 동물이란?

외래 동물의 공격

외래 동물을 없앨 방법은 없을까?

▸ 토론왕 되기!! 모든 외래 동식물이 나쁘기만 할까?
우리나라엔 어떤 외래 동물이 들어와 있을까?

뭉치 토론 만화
생태계 교란종 없애야 할까, 말아야 할까? · 57

3장 강의 악당들 · 65

생태계 교란 동물에는 어떤 것들이 있을까?

외래종이 살기 쉬운 땅

외래종의 습격

토론왕 되기! 집에서 키우던 외래종을 놓아주면 안 될까?
큰입배스를 없애는 토종 동물이 있다고?

4장 숲을 차지한 식물들 · 89

외래 식물이 우리나라 생태계에 끼치는 영향

외래 식물은 어떻게 우리나라까지 왔을까?

우리나라에 퍼진 외래 식물

토론왕 되기! 예쁜 핑크뮬리를 없애야 할까?
외래 식물이 우리 건강을 해칠 수 있을까?

5장 생태계 회복을 위한 노력 · 109

생태계 복원이란

파괴되었던 생태계가 복원된 예

토론왕 되기! 외래종의 천적이 되는 토종 생물이 있을까?

어려운 용어를 파헤치자! · 127

외래 동식물 관련 사이트 · 128

신나는 토론을 위한 맞춤 가이드 · 129

숲속의 생태계

 생태계란 무엇일까

"엄마가 함부로 산밑엔 가지 말랬지? 몇 번을 말해야 알아들어?"

그러거나 말거나 나는 하품을 늘어지게 쭉! 왜 그런지 모르겠는데 산밑 마을에 다녀온 날은 유난히 온몸이 욱신거리고 피곤하단 말이지.

"단아, 넌 아직 변신 능력이 완벽하지 않아서 들킬 수도 있다고. 그럼 어떻게 된다고 했니?"

엄마는 기어코 다른 집 곰들하고 비교하기 시작했어.

"붙잡힌 곰들이 어떻게 사는지 네 눈으로 봤잖아. 갑갑하고 좁은 우리에 갇혀서 엄마, 아빠도 못 만나고 살아야 해!"

"핏, 엄마는. 내가 바본가?"

엄마는 한 번만 더 마을로 내려가면 호돌이랑 놀지 못하게 한대. 나는 퉁명스러운 얼굴로 엄마를 쳐다봤지.

엄마가 다시 잔소리를 퍼부으려고 할 때, 아빠가 불쑥 집 안으로 들어왔어.

아빠는 어린 곰이라 호기심이 왕성해서 그런다며 내 편을 들어주었지. 나는 아빠 등 뒤에 숨어서 엄마를 향해 혀를 쑥 내밀었어.

내 이름은 단. 반들쪽 나이로 110세쯤 된 곰이야. 인간 나이로는 10세쯤 됐으려나.

반들족이 뭐냐고? 놀라지 말고 잘 들어. 우린 사람으로 변할 수 있는 능력을 지녔어.

환웅과 결혼한 웅녀 님 이야기 알지? 웅녀가 쑥과 마늘을 먹고 완벽하게 인간이 되는 걸 본 우리 반들족 조상들은 너도나도 동굴 속으로 들어가서 쑥이랑 마늘을 먹고 버텼지. 그런데 문제는 환웅이 준 쑥이랑 마늘이 아니라 평범한 쑥이랑 마늘을 먹어서인지, 반은 사람, 반은 곰이 되었다지 뭐야. 그때부터 반들족은 따로 부족을 이루고, 태백산 신단수 숲에 살게 됐지.

마을 어르신들이 그러는데 옛날엔 사람들이 반들족을 신처럼 떠받들었대. 해마다 산 입구에 먹을 것을 잔뜩 차려놓고 "반들족 님, 반들족 님, 부디 올해도 산에서 사냥하고, 나물도 캐고, 땔감도 얻을 수 있게 허락해 주시옵소서." 하고 공손하게 빌었다지 뭐야.

그런데 요즘 사람들은 우릴 보면 당장 카메라부터 켤걸? 그뿐이겠어? 우릴 잡으려고 마취총을 들고 나타날지도 몰라.

"단아, 엄마 말 알아들었니?"

"알았어. 그래도 호돌이까지 들먹이는 건 너무 치사해."

"호돌이랑 놀고 싶으면 다신 인간 세상에 얼씬도 하지 마!"

호돌이는 내 유일한 친구야. 백두산 호랑이라고 들어 봤어? 호돌이는 이 나라에 남아 있는 유일한 백두산 호랑이의 후손이지.

원래 백두산엔 호랑이가 엄청 많았대. 밤에 산길을 가려고 바스락 소리를 내면 노란 눈을 치켜뜬 호랑이들이 "허엉!" 소리를 내며 나타나곤 했어. 그런데 언제부턴가 사람들이 호랑이를 닥치는 대로 사냥해 버렸지 뭐야. 결국 호랑이들은 뿔뿔이 흩어지게 됐는데, 호돌이 가족은 그때 이곳 태백산까지 왔어.

호돌이 가족의 불행은 그 일로 끝나지 않았어. 호돌이 아빠가 사냥꾼에게 붙잡혀 버린 거야. 엄마는 덫에 걸려 큰 상처를 입는 바람에 끙끙 앓다가 돌아가셨고, 하나밖에 없는 동생은 사람들한테 붙잡혀 동물원으로 끌려갔어. 그렇게 혼자 남은 호돌이를 품어 준 게 바로 우리 반달족이야. 그때부터 호돌이랑 나는 둘도 없는 친구이자 형제 같은 사이가 된 거지.

"그래도 엄마 말씀 명심해. 네가 자꾸 사람들이 사는 마을로 내려가니까 아빠도 조마조마하다. 사람들은 네가 반들족이라는 걸 알면 곧장 연구소로 끌고 갈 거야."

"왜 그런 거야?"

"그야 사람들은 생태계 따위는 신경 쓰지 않으니까 그렇지."

"생태계라고?"

"자연의 상태 그대로를 생태계라고 해. 우리가 사는 반달 마을도 생태계고, 여기 신단 숲도 생태계야. 생태계의 크기는 여러 가지이거든."

엄마는 작은 연못도 하나의 생태계가 될 수 있고, 커다란 숲도 생태계라고 했다. 심지어 지구 환경 전체도 생태계라니!

"사람들은 참 나빠. 그냥 있는 그대로 받아들이고 균형을 이루며 살면 좋을 텐데, 왜 자꾸 균형을 깨뜨리려고 할까?"

"그러게나 말이야."

옆에서 같이 잔소리를 듣던 호돌이가 고개를 끄덕였다.

단이의 동식물 노트

생태계란?

지구상의 모든 생물은 스스로 살아가기 위한 환경을 이루어요. 물속이든, 땅속이든, 땅 위든, 생물들이 살아갈 수 있게 만들어진 환경을 생태계라 하지요. 생태계의 크기는 여러 가지예요. 예를 들면, 작은 연못도 하나의 생태계가 될 수 있고, 커다란 숲도 생태계라 할 수 있고, 사막도 생태계가 될 수 있어요. 그리고 크게는 지구 환경 전체도 생태계라 할 수 있지요. 생태계 속에는 양분을 얻는 방법에 따라 생산자(식물)와 소비자(동물), 분해자(곰팡이, 세균) 등이 존재한답니다.

 위태로운 생태계의 균형

"사람들이 나쁜 건 인정. 하지만 좋은 점도 있어. 아, 사람들이 만든 아이스크림 진짜진짜 먹고 싶다."

나는 아이스크림을 떠올리며 입맛을 다셨어.

"호돌아, 우리 산 아래 마을 구경 갈래?"

"아까 그렇게 혼이 나고도 그러고 싶어? 그리고 넌 변신하면 사람이 되지만 난 아니잖아."

"호돌이 너도 변신하면 되잖아. 크크!"

호돌이가 뭘로 변신하는지 궁금하지? 킥, 좀 우습지만 호돌이는 누렁이로 변신할 수 있어. 환웅님이 쑥이랑 마늘을 먹고 100일을 버티라고 했을 때, 곰은 끝까지 버텼지만 호랑이는 고작 며칠밖에 버티지 못했어. 그래도 호랑이 역시 변신할 수 있는 능력을 얻긴 했지. 누렁이나 깜장 강아지라서 좀 그렇지만 말이야.

"단이 너, 또! 산 아래 마을로 가면 혼난댔지?"

우리 대화를 엿들은 엄마가 소리를 질렀어.

"피, 엄만 왜 자꾸 나한테만 뭐라 그래? 아빠도, 누나도 산 아래 있는 마을에 종종 가잖아."

"이 녀석, 아빠나 누나는 변신 능력이 완벽하잖아. 너처럼 어설프지 않다고. 넌 조금만 흥분해도 곰으로 되돌아오잖니. 그런 너를 보는 엄마 맘이 얼마나 조마조마할지 생각이나 해 봤어?"

하긴, 아까 조금만 늦었어도 큰일이 벌어졌을 거야.

그렇지만 별튜브에 소개된 아이스크림 가게가 산 아래 마을에도 생겼다잖아. 나는 그게 무슨 맛인지 궁금해서 참을 수가 없었어. 그래서 결국 호돌이랑 산을 내려가고 말았지.

"자, 이제 변신하자."

나는 주위를 두리번거리며 말했어. 그런데 호돌이가 갑자기 뒷걸음 질하지 뭐야.

"아무래도 난 안 되겠어. 재채기만 하면 호랑이로 도로 변하게 되더라고. 연습을 좀 더 한 다음에……."

"싫어, 난 오늘 기필코 구름 맛 아이스크림을 맛보고 말 테야. 입안에 넣는 순간 살살 녹는 그 달콤한 맛! 으, 생각만 해도 군침이!"

"워, 워, 제발 흥분하지 마. 넌 흥분하면 변신이 풀린다는 거 몰라?"

"이번엔 정말 잘할 수 있거든?"

나는 재주를 뒤로 세 번 넘었어. 그러자 눈 깜짝할 사이에 10세쯤 된 아이로 변했어.

"정말 안 갈 거야?"

"으음, 어쩐지 느낌이 불길해."

"치, 그럼 구름 맛 아이스크림은 나 혼자 먹을 거다."

나는 벌벌 떠는 호돌이를 버려둔 채 당당히 마을로 향했지.

차가 쌩쌩 달리는 복잡한 거리를 가로질러, 사람들이 북적이는 시장을 쭉 걸어가다 보면 공원이 나와.

그렇게 얼마나 갔을까. 마침내 저 멀리 아이스크림 가게가 보였어. 그걸 보는 순간 온몸에 전기가 찌릿찌릿 통하는 것 같았어.

코를 벌름거리자 달콤한 향이 온몸으로 밀려들었지. 가게 앞으로 가까이 가면 갈수록 달콤한 향이 밀려왔어. 나는 흥분이 돼서 견딜 수가 없었어. 그 순간 몸이 뻣뻣하게 굳더니 시커먼 털이 숭숭 생겨나지 뭐야.

변신이 풀리기 시작하면 몸을 내 맘대로 제어할 수가 없어. 나는 당황해서 주위를 두리번거렸지.

길 건너에서 사람들이 다가오는 게 보였어. 내 몸은 점점 반달곰으로 변하기 시작했어. 다리랑 팔에 시커먼 털이 생겨나고 손이 솥뚜껑만 해지더니 기다란 발톱이 생겨났지. 눈앞이 캄캄했어.

바로 그때 누군가 내 어깨에 손을 올리지 뭐야.

"단아, 침착해야 해. 숨을 깊이 들이마시고 찬찬히 내뱉도록 해. 들이마시고, 후 내뱉고……."

옆집에 사는 웅이 형이었어. 나는 형이 시킨 대로 했지.

그러자 수북하게 생겨난 털이 조금씩 사라지기 시작했어. 간신히 위

기를 모면한 나는 가슴을 쓸어내렸지.

"단아, 날 먼저 만났으니 망정이지 너 혼자 있다가 변신이 풀렸으면 어쩔 뻔했어? 그러면 너만 위험해지는 게 아니야. 우리 반들족 전체가 위험해지는 거라고."

"미안해요……."

웅이 형은 우리 반들족 중에서 변신 능력이 제일 뛰어난 곰이야. 그래서 형은 '스파이' 임무를 맡고 있지. 사람들 사이에 숨어 지내면서 요즘 사람들 사이에선 뭐가 유행한다더라, 요즘은 뭐가 문제라더라, 이런 정보를 은근슬쩍 알아내는 거야.

"단아, 너처럼 어린 곰은 도시로 오는 게 위험해."

"나도 형처럼 잘할 수 있다고!"

"요즘은 환경 오염 때문에 나도 변신이 풀리려고 한단 말이야."

"환경이 오염된 거랑 우리 변신 능력이랑 무슨 상관이야?"

"단아, 생태계를 이루는 모든 것들은 서로 영향을 미쳐. 연못을 예로 들어 볼게. 연못에는 부레옥잠, 연꽃 같은 물풀도 살고 소금쟁이, 물장군, 물방개 같은 작은 곤충도 살지. 그리고 또 뭐가 살까?"

"음, 붕어, 잉어 같은 물고기도 살겠지?"

"그래, 그런데 만약 부레옥잠 같은 물풀이 사라지면 어떻게 될까? 부레옥잠은 수질을 깨끗하게 만들어 주는 중요한 역할을 해. 물속에 산소도 공급해 주고."

"음, 부레옥잠이 사라지면 연못에 사는 작은 물고기들은 보금자리를 잃고, 알을 낳을 장소가 사라지겠지."

"그러면 작은 물고기의 수는 급격하게 줄어들겠지?"

"맞아, 물도 오염될 거야."

"생태계는 그 구성 요소 하나가 망가지면 다른 것도 자연히 망가지게 되어 있어. 그러니 인간들이 사는 환경이 오염되면 우리가 피해를 입는 것도 당연한 일이지."

웅이 형은 갈수록 생태계가 파괴되어서 걱정이라는 말을 남기고 사라져 버렸어. 또 사람들 사이에 파묻혀 여러 가지 정보를 알아내려는 것이겠지.

단이의 동식물 노트

서로 영향을 주고받는 생태계 생물들

생태계의 구성 요소는 서로 영향을 주고받아요. 예를 들어 햇빛, 물, 공기는 식물이 양분을 만드는 데 영향을 줘요. 식물은 동물의 먹이가 되므로 동물에게 큰 영향을 주지요. 동물은 식물을 먹고 배설물을 만드는데, 이것은 세균이나 곰팡이 같은 분해자에게 영향을 주지요. 이렇게 생태계 내에서 생물들은 서로 영향을 주고받으며 살아간답니다.

생태계가 파괴되면 어떻게 될까?

결국 나는 구름 맛 아이스크림은 맛도 보지 못한 채 터덜터덜 집으로 돌아왔어.

그렇게 며칠이 지났을까. 어찌 된 영문인지 웅이 형이 마을로 돌아오지 않는 거야. 웅이 형은 아무리 길어도 사흘 이상 집을 비운 적이 없었거든.

"웅이 청년에게 무슨 일이 생긴 거 아닐까요?"

"설마 사람들에게 붙잡힌 건 아니겠죠?"

"아닐 거야. 웅이 청년만큼 변신을 잘하는 곰도 없으니까."

마을 사람들의 걱정이 깊어 갈 때였어. 마을 입구에 누군가 비틀거리며 걸어오는 게 보였지. 바로 웅이 형이었어. 나랑 마을 사람들은 누가 먼저랄 것도 없이 우르르 달려나갔어.

"형, 괜찮아?"

나는 비틀거리는 형을 부축하며 물었지. 그런데 웅이 형이 갑자기 "우웩!" 하고 토악질을 하더니 쓰러져 버리지 뭐야. 바닥에 쓰러진 웅이 형은 점점 곰으로 바뀌어 갔지.

웅이 형은 좀처럼 자리에서 일어나지 못했어. 형의 모습은 점점 앙상하게 변해 갔어. 마을에서 제일 튼튼하고 힘센 형의 모습이라고는 믿기

어려울 정도로 야위었지.

　며칠 후 나는 호돌이랑 함께 웅이 형 병문안을 갔어. 형이 고통스러운 듯 얼굴을 일그러뜨리고 신음하는 게 보였지.

　"형, 괜찮아?"

　"으, 더 이상 사람으로 변신할 수가 없어!"

　웅이 형은 온몸에 경련을 일으키며 몹시 괴로워했어.

　"아빠, 웅이 형이 왜 저러는 거예요?"

　"아무래도 오염된 곳에 오래 머물렀기 때문에 병에 걸린 것 같구나."

　우린 그나마 오염이 덜 된 신단수 숲에 살고 있어서 건강한 거래. 다른 산에 살던 반들족들은 대부분 병을 앓다 죽고 말았다지 뭐야.

이상한 일은 계속해서 벌어졌어. 마을 사람들이 하나둘 변신하는 힘을 잃게 된 거야.

"이게 대체 어떻게 된 일이지?"

마을 사람들은 변신하려고 안간힘을 썼어. 하지만 변신에 성공하더라도 아주 잠깐뿐이었지. 웅이 형이 그랬던 것처럼 갑자기 먹은 것을 토하고 쓰러지는 사람도 있었어.

"어젠 옆집 아저씨가 쓰러졌어……. 이러다가 우리 마을 사람들이 모두 잘못되면 어떡해?"

"틀림없이 뭔가 이유가 있을 거야."

호돌이가 나를 위로하듯 말했어.

그때 내 머릿속에 무언가 스치듯 지나갔어. 바로 신단수 숲 가장 깊은 곳에 사는 신령한 나무 신단수 님이었지. 신단수 님은 몇 천 년을 살아온 나무야. 그래서 무엇이든 알고 있지.

나는 있는 힘껏 달려서 신단수 님에게 갔어. 호돌이도 나를 쫓아왔지. 나는 신단수 님을 보자마자 넙죽 엎드려 큰절부터 했어.

"신단수 님, 마을 사람들이 계속 아파요. 왜 그런 거죠?"

"생태계가 심각하게 파괴되었기 때문이란다."

"그거랑 우리가 아픈 거랑 무슨 관계가 있는 거예요?"

"생태계가 파괴되면 우리의 삶도 파괴된단다. 생태계를 파괴하는 원인은 여러 가지야. 그중에서 너희 반들족을 가장 위험에 처하게 만든 건 바로 외래종이란다."

"외래종? 그게 뭔데요?"

"원래부터 이 땅에 살던 동물이나 식물들 말고 다른 곳에서 온 낯선 것들을 말하는 거란다."

신단수 님은 외래종이 숲에 퍼져서 그런 거라고, 외래종을 없애지 않으면 신단수도, 신단수 숲도 사라질 위기에 처할 거라고 했지.

"태백산은 오래도록 균형을 유지하며 살아왔다. 나무와 풀이 자라면 동물이 그걸 먹고, 또 그걸 먹고 사는 동물을 다른 동물이 잡아먹고, 동식물이 죽어서 다시 나무와 풀의 거름이 되고. 이렇게 세상 모든 것이 서로 균형을 이루었단 말이다. 그런데 외래종이 들어오면서부터 그 균

형이 깨졌단다. 부디 외래종을 막아 다오."

"호돌아, 내가 반들족을 위해서 뭘 할 수 있을까?"

바로 그때 수풀 속에서 바스락 소리가 들리더니 내 또래의 어린 여자애가 나타났어.

"너, 넌 누구야?"

나랑 호돌이가 따지듯이 묻자 여자애가 퉁명스럽게 말했어.

"난 수안이다. 왜?"

단이의 동식물 노트

고유종과 외래종

자연 생태계에 오랫동안 적응하여 그 지역에서 자생하는 생물을 말해요. 우리나라에서만 사는 생물을 고유종이라고도 하지요. 예를 들면 동강할미꽃, 병나무꽃은 우리나라의 고유종이랍니다. 하지만 아까시나무라든지 네잎클로버 같은 것은 외국에서 들어온 외래종이에요.

아까시나무

네잎클로버

먹이사슬의 최종 소비자는 누구일까?

생물 간 먹고 먹히는 관계가 마치 사슬처럼 연결된 것을 먹이사슬이라고 해요. 생태계의 먹이사슬은 생산자 → 1차 소비자 → 2차 소비자 → 3차 소비자 등의 순서로 연결돼요. 예를 들어 꽃, 나비, 사마귀, 참새로 먹이사슬을 만들면 '풀 → 메뚜기 → 참새' 또는 '풀 → 메뚜기 → 사마귀 → 참새' 등으로 연결할 수 있지요. 먹이사슬의 1차 소비자는 생산자인 식물을 먹이로 하는 초식동물이에요. 2차 소비자는 1차 소비자를 먹이로 하는 소형 육식동물이고, 마지막이 되는 3차 소비자는 2차 소비자를 잡아먹는 대형 육식동물이랍니다. 인간도 3차 소비자에 해당된답니다.

생태계가 파괴되면 복원이 가능할까?

여러 개의 먹이사슬이 서로 얽혀 마치 그물처럼 보이는 것을 먹이그물이라고 해요. 먹이그물은 복잡하면 복잡할수록 좋아요. 왜냐고요? 한 가지 먹이가 없어지더라도 다른 먹이를 먹고 살면 되므로, 생물들이 쉽게 멸종되지 않거든요.

생태계는 일단 파괴되면 복원이 거의 불가능해요. 설령 복원된다고 하더라도 아주 오랜 시간이 걸리고, 상상도 할 수 없을 만큼의 비용이 든답니다. 그래서 우리 모두 생태계를 보호하기 위해 노력해야 해요.

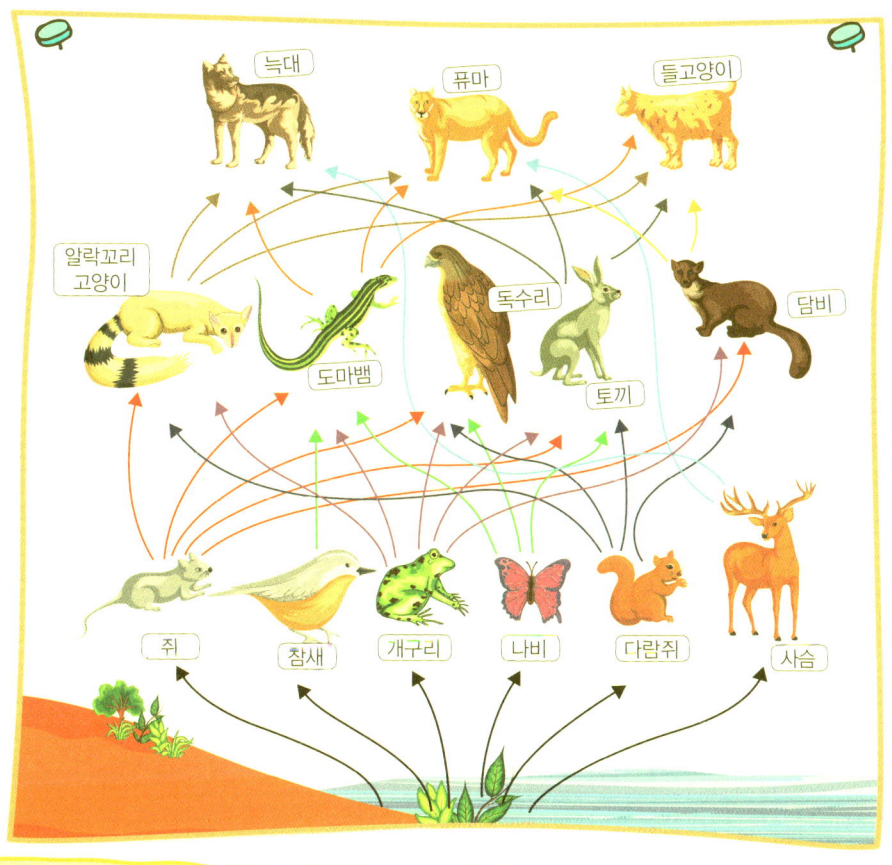

먹이사슬 퀴즈

다음 설명을 읽고 초성 힌트로 먹이사슬의 생산자와 소비자 이름을 알아맞혀 보세요.

🍃 나는 생산자예요. 사람들이 매일 밥으로 먹는 풀이지요. `ㅂ`

🍃 나는 1차 소비자예요. 꽃과 꽃 사이를 나풀나풀 날아다니며 꽃가루와 꿀을 먹지요. `ㄴ` `ㅂ`

🍃 나는 2차 소비자예요. 나는 다리가 없어요. 대신 기다란 몸과 날름거리는 혓바닥이 있지요. `ㅂ`

🍃 나는 2차 소비자예요. 아주 수다스러워서 아침마다 짹짹 시끄럽게 울지요. `ㅊ` `ㅅ`

🍃 나는 3차 소비자예요. 내가 어슬렁거리며 돌아다니다가 "어흥!" 하고 울면 다들 깜짝 놀라 도망가지요. `ㅎ` `ㄹ` `ㅇ`

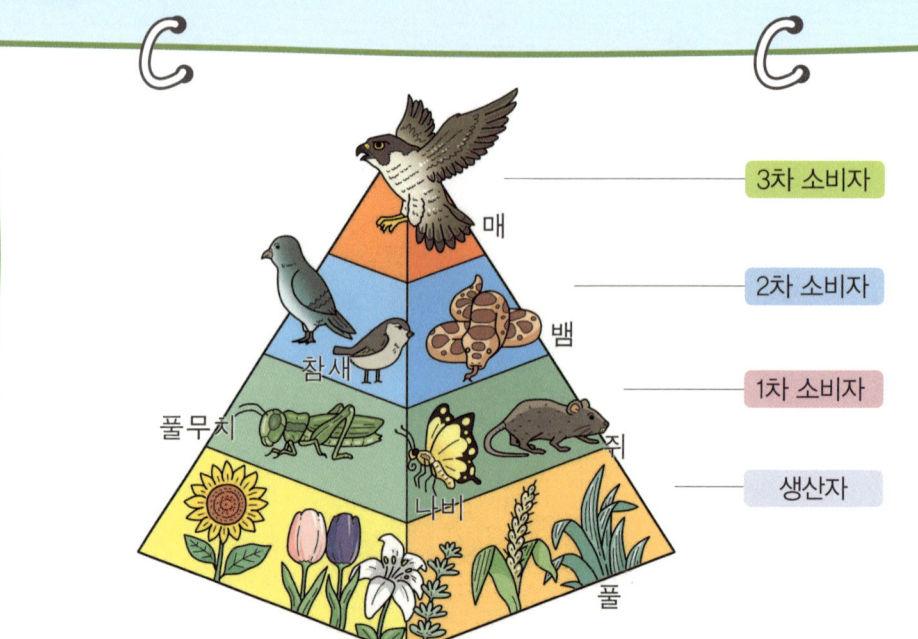

먹이사슬은 생물의 수나 양에 따라 피라미드 모양을 이루어요. 따라서 생산자의 수는 엄청 많아요. 생산자를 먹는 1차 소비자의 수는 생산자보다는 적고 2차 소비자보다는 많지요. 2차 소비자의 수는 3차 소비자보다는 많고요. 1차 소비자란 생산자인 식물을 먹이로 하는 초식동물을 말하고, 2차 소비자란 1차 소비자를 먹이로 하는 소형 육식동물, 그리고 3차 소비자는 마지막 단계의 소비자인 대형 육식동물을 말하지요.

정답: ❶벼 ❷나비 ❸뱀 ❹참새 ❺호랑이

생태계의 악당들

외래 동물이란?

나랑 호돌이는 수안이가 지금껏 신단수 님과 나눈 대화를 엿들은 것은 아닌가 걱정이 됐어. 그래서 조심스럽게 눈치를 살피며 물었지.

"너…… 어디까지 엿들었어?"

"처음부터 끝까지 다 들었는데?"

수안이의 말에 나랑 호돌이는 말문이 턱 막혔어.

그때 수안이가 갑자기 새끼손가락을 세우며 말했어.

"절대, 꼭, 반드시 비밀을 지키겠다고 약속할게. 어차피 난 이야기할 친구도 없어."

수안이의 말에 나는 갑자기 호기심이 생겼지.

"넌 왜 친구가 없는데?"

"난 학교에 가지 않거든. 솔직히 친구가 될 만한 애도 없어. 내 또래 애들은 나랑 수준 차이가 너무 나."

수안이는 어려서부터 몸이 약해서 학교에 다니지 못했대. 대신 아빠를 따라 맑은 공기를 쐬기 위해 산에서 생활하고 있다지 뭐야.

"그런데 너희 아빠는 왜 산에서 살아?"

이번엔 호돌이가 물었어.

"우리 아빠는 외래 동식물을 연구하는 생태학 박사시거든. 요즘은 신

단 숲의 생태계를 조사하고 계셔."

"근데…… 넌 우리가 무섭거나 이상하지 않아?"

"별로."

"어째서?"

"생태계에서는 무수히 많은 생물들이 어우러져 살아가잖아. 그러니 너희 같은 존재가 없으란 법도 없지."

어쩐지 수안이랑 친해질 수 있을 것 같다는 생각이 들었어. 나랑 호돌이는 안심하고 수안이에게 이것저것 물어보았어.

수안이는 아빠랑 신단 숲 아래에 있는 과수원에서 지낸대. 과수원 주인아저씨는 수안이 아빠랑 아주 오랜 친구 사이라지.

"과수원 아저씨가 우리 아빠한테 SOS 신호를 보냈거든. 그래서 아빠랑 내가 태백산까지 온 거야."

수안이는 외래종인 꽃매미 때문에 과수원의 나무들이 말라 죽고 있다고 했어. 나랑 호돌이는 그 말이 믿기지 않았지.

"뭐? 겨우 매미가 나무를 죽인다고?"

"에이, 말도 안 돼!"

"너희는 외래종이 얼마나 위험한지 모르는구나?"

수안이가 퉁명스럽게 쏘아붙였어.

"외래종은 우리나라 말고 외국에서 들어온 모든 종을 말하는 거야.

이것들은 천적이 없어. 한마디로 무서울 게 없는 거지. 그러니 엄청난 속도로 퍼져서 우리나라 생태계를 파괴하는 거야."

"에이, 설마! 겨우 매미가?"

"진짜라니까. 못 믿겠으면 따라와 봐!"

수안이는 자신이 묵고 있는 과수원으로 직접 가 보자고 했어. 나는 재빨리 뒤로 세 번 재주를 넘었지. 호돌이도 이번엔 나를 따라 했어. 완벽하게 사람과 강아지의 모습으로 변신하는 데 성공했어!

"이야, 너희 정말 멋지다! 나랑 나이도 비슷해 보이는데?"

변신한 내 모습을 본 수안이가 손뼉을 치며 말했어.

단이의 동식물 노트

외래종은 무엇일까?

외래종은 우리나라 토종 동식물 말고 외국에서 들어온 모든 종을 말해요. 외래종은 원래 살던 곳의 기후가 변해서 새로운 살 곳을 찾아 이동하기도 하고, 어떤 목적 때문에 일부러 들여오기도 하지요. 어떤 사람들은 외래 동식물을 먹으려고, 또는 관상용으로 보겠다고, 반려동물로 삼겠다고 데리고 오는데요. 그렇게 데려온 것들을 잘 돌보면 문제가 없을 거예요. 하지만 무분별하게 버리거나 내버려 둬서 문제가 생겨요. 새로운 생태계에 적응해 버린 외래종은 대부분 천적이 없기에 무서운 속도로 퍼져서 우리나라 생태계를 파괴한답니다.

수안이는 서둘러 과수원으로 가면 새참을 먹을 수 있을 거라고 했어. 새참이란 말에 나는 군침이 넘어갔지. 사람들이 먹는 음식을 꼭 한 번 먹어 보고 싶었거든. 나랑 호돌이는 산길을 따라 슝슝 나르듯 뛰기 시작했어. 그렇게 얼마나 갔을까. 고약한 냄새가 코끝을 찌르지 뭐야.

"윽, 이게 무슨 냄새지?"

"과수원 아저씨가 꽃매미를 잡으려고 살충제를 뿌려서 그럴 거야. 이 냄새는 나도 정말 고약하더라고."

수안이가 고약하게 느낄 정도라면 사람보다 후각이 훨씬 예민한 나나 호돌이에겐 얼마나 지독했겠어. 숨도 못 쉬겠더라고.

"저기가 바로 과수원이야."

그때 누렁이로 변신한 호돌이가 으르렁거렸어. 나는 바짝 긴장한 채 수안이 뒤로 몸을 숨겼어.

"안심해, 이곳 과수원 주인아저씨야. 정말 마음씨도 착하고 좋은 분이야."

아저씨는 나랑 수안이를 향해 엷은 미소를 지어 보였어. 그런데 어쩐지 힘이 하나도 없는 듯한 표정이었지.

"아저씨, 여긴 제 친구들이에요. 오늘 낮에 산에서 만났어요."

"그래? 애들아, 우리 수안이랑 사이좋게 놀아야 한다. 참, 나무에 기대지는 말고."

아저씨가 우리에게 말했어.

"어째서요?"

내가 고개를 갸웃하자 수안이가 얼른 아저씨의 대답을 가로챘어.

"꽃매미의 알 때문이야. 나무 곳곳에 꽃매미들이 알을 낳았는데, 그게 철썩 달라붙어 있거든. 거기다가 꽃매미들의 배설물이 얼마나 지저분한지 몰라. 그걸 잘못 만지면…… 으, 생각만 해도 끔찍하다."

똥을 직접 만지는 기분은 아주아주 끔찍할 거야. 숲에 사는 곰이랑 호랑이도 그런 건 싫다고.

외래 동물의 공격

나는 꽃매미가 대체 어떤 녀석인지 궁금해 견딜 수가 없었어.

"수안아, 그 꽃매미라는 건 내가 아는 매미랑 다른 거야? 내가 아는 매미들은 엄청 착해. 물론 나무의 수액을 빨아 먹긴 하지만 걔들이 먹는 건 정말 눈곱만한 양이라고."

나는 언젠가 신단수 님에게 찰싹 달라붙어 있던 매미 한 마리를 본 기억이 떠올랐어. 내가 시끄럽게 노래하는 매미를 떼어 내려 하니까 신단수 님은 이렇게 말씀하셨지.

 그냥 두거라. 이 녀석들은 7년이라는 긴 시간을 땅속에서 버티다 나왔단다. 이제 새 생명을 만들기 위해 노래하는 것이지.

"그러고 보니 내가 아는 매미들은 노래를 엄청 잘하는데, 꽃매미란 애는 노래를 못하나 봐. 울음소리가 들리지 않네."

호돌이가 고개를 갸웃하며 말했어. 그러자 수안이가 혀를 끌끌 차더니 집게손가락을 곧추세워 흔들었지.

"노노, 꽃매미는 너희가 아는 그 매미랑은 완전 달라. 얘네들은 울지도 않고, 땅속 생활도 하지 않아."

그때 나뭇가지에 앉아 있는 화려한 매미 한 마리가 보였어. 그 매미는 회색 날개에 물방울무늬가 있었지. 언뜻 보기엔 예쁜 나비의 날개를 단 매미 같아 보이기도 했어.

"와, 신기하다."

나랑 호돌이가 꽃매미를 들여다볼 때였어. 갑자기 꽃매미들이 우리를 향해 날아오지 뭐야. 처음엔 한두 마리가 날아오는가 싶었는데 눈 깜짝할 사이에 수백, 수천 마리의 꽃매미들이 날아왔어. 마치 벌 떼들이 쫓아오는 것처럼 말이야.

"으악!"

나랑 호돌이는 놀라서 도망치기 시작했지. 그런데 변신을 한 채로 도망치려니 좀처럼 속력이 나질 않았어. 우리는 재빨리 변신을 풀고 곰과 호랑이로 모습을 바꾸었어. 그리고 부랴부랴 산속으로 뛰어갔지. 그렇게 얼마나 정신없이 달린 걸까. 뒤돌아보니 꽃매미 떼가 보이지 않더라고.

"휴, 진짜 놀랐네."

"바, 방금 봤어? 꽃매미들이 우릴 잡아먹으려고 했어!"

호돌이는 놀라서 입을 다물지 못했어. 하지만 우리는 과수원에서 멋대로 변신을 풀고 도망친 게 더 마음에 걸렸어. 혹시나 그 모습을 지나가는 사람이 보기라도 했다면 큰일인데 말이야.

우리가 바위 밑에 주저앉아 숨을 돌릴 때였어.

"얘들아! 단아! 호돌아!"

멀리서 수안이의 외침이 들려왔지.

"수안아, 여기야!"

수풀 속에서 수안이가 나타났어. 우린 반가운 표정으로 몸을 일으켰지. 그런데 수풀 속에 있던 건 수안이뿐만이 아니었어.

그 옆엔 아주 호리호리하고 두꺼운 안경을 쓴 아저씨가 서 있었어.

"아, 이분은 우리 아빠야. 다른 사람들은 박 박사님이라고 불러."

"그 생태 연구 학자라는 분 말이지?"

"맞아. 아까 아빠가 너희들이 변신하는 걸 딱 보고 말았지 뭐야. 그래서 어쩔 수 없이 모든 걸 사실대로 말씀드렸어."

수안이는 차라리 잘된 일이라고 했어. 박 박사에게 도움을 청하면 반들족을 다시 건강하게 만들 방법도 찾을 수 있을 거래.

"그보다 아까 그 꽃매미들은 어떻게 됐어?"

"아, 그 녀석들은 아빠가 해치웠어."

"어떻게?"

"바로 이 캡슐로!"

수안이는 타조알만 한 캡슐 하나를 내밀었어.

"이게 뭔데?"

"이른바 천적 캡슐이라는 거지. 우리 아빠가 만든 건데, 이 속엔 꽃매미의 천적인 꽃매미벼룩좀벌이랑 사마귀가 들어 있어."

"에? 꽃매미벼룩좀벌이랑 사마귀는 곤충이잖아."

호돌이는 생각했던 것보다 훨씬 시시한 것이 들어 있다며 어깨를 축 늘어뜨렸어.

"아까 너희도 고약한 농약 냄새를 맡았으니 알 거야. 꽃매미를 잡으려고 농약을 뿌리면 꽃매미뿐만 아니라 다른 식물도 죽고 말아. 땅도 오염되고."

"그거야 당연하겠지."

나랑 호돌이는 고개를 끄덕이며 대꾸했어.

2장 생태계의 악당들

"하지만 꽃매미의 천적인 꽃매미벼룩좀벌이랑 사마귀를 이용하면 그것만 쏙쏙 해치울 수 있다고."

"우와!"

"잠깐, 그런데 궁금한 점이 하나 있단다."

그때 박 박사가 끼어들었어. 우린 침을 꼴깍 삼키며 박 박사를 바라보았지.

"포도 농장에 원래 꽃매미들이 많긴 했지만, 저 정도로 한꺼번에 우르르 달려들진 않았어. 무언가 꽃매미들을 흥분시킨 것 같단 말이지."

"그게 뭘까요?"

"내 생각엔 너희들 때문인 것 같은데, 정확한 이유는 모르겠어."

나랑 호돌이는 박 박사의 말을 듣고 믿을 수 없다는 표정을 지었지. 그때 수안이가 불쑥 끼어들었어.

"신단수 님께 물어보면 안 돼? 신단수 님은 뭐든 다 알고 계신다며."

"아하! 그러면 되겠구나."

단이의 동식물 노트

겨우 곤충인 매미가 생태계를 파괴한다고?

나무의 수액과 영양분을 뽑아 마시고 나무를 말라 시들게 하는 꽃매미는 주로 중국, 베트남, 일본, 인도 등에 살던 동물이에요. 꽃매미는 대표적인 생태계 교란종이에요. 생태계 교란종은 우리나라 생태계를 파괴하는 동식물을 말해요. 꽃매미가 더욱 위험한 까닭은 여기저기 배설물을 마구 흩뜨려 놓기 때문이에요. 꽃매미의 배설물이 나무에 달라붙으면, 나무는 마치 불에 그을린 듯 검은 반점이 생기는 그을음병을 앓게 된답니다.

이 병은 광합성을 방해하며, 농가 수확물의 질을 떨어뜨려요. 게다가 번식력이 엄청나게 강해서 눈 깜짝할 사이에 불어난답니다.

꽃매미는 우리나라뿐만 아니라 미국이나 영국에서도 아주 골칫거리라고 해요.

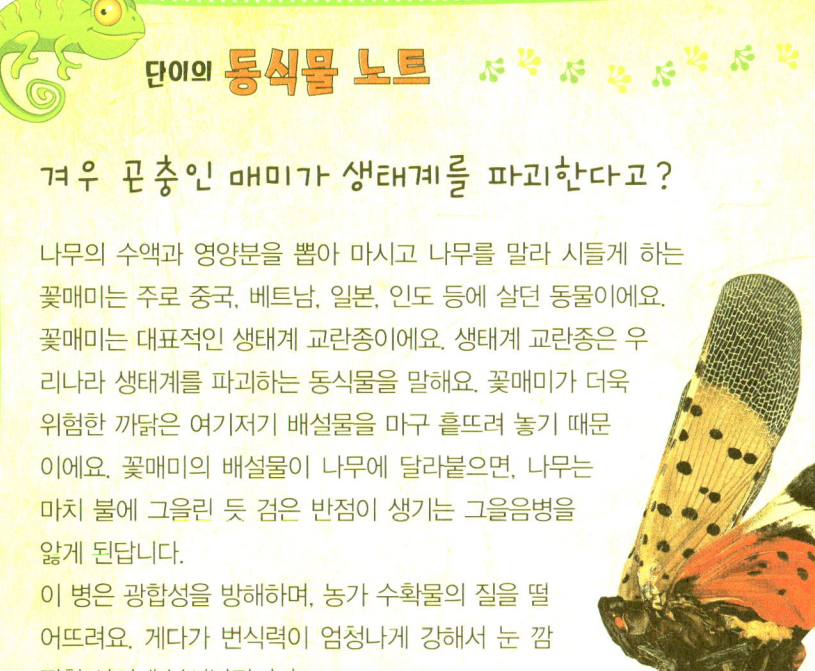

꽃매미

외래 동물을 없앨 방법은 없을까?

이렇게 해서 나랑 호돌이, 수안이, 그리고 박 박사는 신단수 님을 찾아가게 되었지.

"뭐야, 이건 크기를 보아 하니 몇천 년은 된 나무인 것 같구나."

박 박사가 호기심 어린 표정으로 신단수 님을 요리조리 살펴보기 시작했어. 박 박사는 신단수 님의 소중한 나뭇가지를 툭 구부러뜨리기까지 했어. 나랑 호돌이는 눈이 휘둥그레졌지. 지금껏 신단수 님에게 그런 행동을 한 이는 없었거든.

"이노옴!"

아니나 다를까, 신단수 님의 나뭇가지가 우수수 흔들리더니 번개보다 더 요란한 호통이 이어졌어.

"에구머니! 나무가 말을 하네!"

박 박사는 믿을 수 없다는 표정으로 두 눈을 치켜뜨고는 신단수 님을 살펴보았어. 그러자 신단수 님이 또 한 번 호통을 쳤지.

"이놈, 예의를 갖추지 못하겠느냐!"

"말하는 나무라니, 박사 생활 30년 만에 이런 나무는 또 처음이네!"

박 박사는 신단수 님의 호통을 듣고도 중얼거리며 요리조리 살피느라 정신이 없었지. 보다 못한 수안이가 박 박사 옆구리를 쿡 찔렀어.

"아이코, 내 정신 좀 봐! 이거 정말 죄송합니다. 너무 신기해서."

"반들족의 아이야, 인간을 여기까지 데려오다니!"

신단수 님이 나를 향해 나무라듯 말했어.

"죄송해요. 반들족을 도울 수 있을지도 모른다는 생각에……. 그보다 신단수 님, 아까 꽃매미들이 우릴 공격했어요."

우리는 과수원에서 있었던 일을 신단수 님에게 이야기했어. 그러자 신단수 님은 아무래도 생태계 균형이 일그러져서 이런 일이 벌어지는 것 같다며 한숨을 내쉬었지.

"왜 하필 그 녀석들이 우릴 공격했을까요?"

"아무래도 너희가 반들족이기 때문일 거야. 반들족은 생태계의 균형을 지키는 동물이자 인간이니까."

우리는 다급히 그 녀석들을 막을 방법이 없겠느냐고 물었어. 신단수님은 잎사귀 하나를 똑 떨어뜨려 주셨지. 나는 조심스럽게 그 잎사귀를 받아 들었어.

"반들족의 아이야, 저 인간 박사가 만든 캡슐과 나의 나뭇잎을 이용하면 엄청난 힘이 생길 것이다. 그것은 뒤틀린 균형을 맞추고 뒤바뀐 환경을 바로잡아 주는 힘이지. 너희 간절한 마음을 담아서 그것들과 맞서도록 하여라."

"고맙습니다."

우리는 다시 과수원으로 달려갔지. 우리가 과수원 입구에 도착하자 꽃매미들이 낌새를 눈치챈 것 같았어. 포도나무에 달라붙어 수액을 빨아 먹던 꽃매미들이 일제히 우리를 향해 날개를 쫙 펼치는 거야.

"온다, 온다!"

꽃매미 수는 아까보다 더 불어난 듯했어. 조금 전에 우릴 공격하려 했던 것보다 몇 갑절은 더 되는 엄청난 꽃매미들이 우릴 향해 돌진하지 뭐야.

"이제 어떻게 해야 하지?"

호돌이가 다급히 물었어.

"신단수 님의 잎이랑 이 캡슐을 이용하랬잖아."

나는 침착하게 캡슐을 바라보며 소리쳤지.

"그래 봤자 캡슐 안에 든 건 사마귀랑 꽃매미벼룩좀벌일 뿐이라고!"

수안이도 불안한 듯 뒤로 움찔 물러섰어. 하지만 나는 마음을 가라앉히고 천천히 캡슐 뚜껑을 열었어.

내가 손을 높이 치켜들자 엄청난 양의 꽃매미들이 나를 향해 달려들었어. 마치 먹음직스러운 먹이를 보고 달려드는 맹수 같았지.

나는 재빨리 캡슐에서 꽃매미벼룩좀벌이랑 사마귀를 꺼내고 나뭇잎을 세게 움켜쥐었지. 순간 놀라운 일이 벌어졌어. 꽃매미벼룩좀벌과 사마귀가 엄청나게 커진 거야.

꽃매미벼룩좀벌과 사마귀는 몰려드는 꽃매미들을 향해 입을 쩍 벌렸어. 꽃매미들은 마치 진공청소기 속으로 빨려 들어가는 먼지처럼 호로록 빨려들기 시작했지.

"우와!"

우리는 놀라서 입을 쩍 벌린 채 멍하니 서 있기만 했어. 어느새 하늘을 시커멓게 메웠던 꽃매미들이 몽땅 사라지고 말았지.

박 박사는 이 나뭇잎과 자기가 만든 천적 캡슐만 있으면 외래 동식물을 몽땅 없앨 수 있겠다며 기뻐 날뛰었어.

꽃매미들을 없애고 나니 앙상하게 말라 비틀어졌던 포도나무에 과실이 주렁주렁 열리기 시작했어. 그동안 꽃매미들에게 수액을 모두 빼앗겼던 나무들이 되살아난 거야! 과수원엔 고약한 농약 냄새가 아니라 달콤하고 그윽한 포도 향이 퍼져 나갔지.

과수원의 나무들이 살아나자 또 놀라운 변화가 생겼어. 바로 시름시름 앓던 반들족들이 회복되기 시작한 거야.

"좋아, 웅이 형이랑 마을 사람들을 구하는 방법이 뭔지 알았어!"

나는 호돌이와 수안이, 그리고 박 박사에게 우리 땅을 병들게 만든 외래종을 몽땅 잡아 없애자고 말했어.

"좋아!"

"그럼 우리 팀 이름이라도 하나 지어야 하는 거 아니야?"

수안이가 불쑥 말을 꺼냈어.

"신단 특공대 어때?"

"그거 마음에 든다!"

이렇게 해서 우리는 신단 특공대가 되었지.

모든 외래 동식물이 나쁘기만 할까?

대표적인 침입 외래종인 가시상추는 상처를 치료하는 데 아주 효과적인 약초로 쓰인답니다. 하지만 제초제에도 잘 견디고, 번식력이 좋아 상추 가해 해충이나 전염병의 매개가 되기 때문에 2002년 생태계 교란종으로 지정되었지요.

그렇다고 모든 외래 동식물이 나쁜 건 아니에요. 본래의 서식지가 아니지만 다른 곳에서 이주 정착한 동식물들 중에 생태계를 파괴하지 않고 잘 정착한 동식물을 '귀화 동식물'이라고 해요. 가을이면 쉽게 볼 수 있는 코스모스라든지 염소나 토끼가 좋아하는 토끼풀이 바로 귀화 식물이랍니다.

보통 외래종은 우리나라의 생태계를 파괴하지만 귀화 식물은 꼭 그렇지만은 않아요. 귀화 식물은 어느 곳에서도 잘 자라 황폐해진 땅을 복원하는 역할도 해 주고, 토양이 유실되는 것을 막아 주며, 토양을 비옥하게 해 줘요. 귀화 동물 역시 어떤 환경에서든 잘 자라는 특징 때문에 농가의 소득원이 되기도 하지요. 하지만 귀화 식물이 잘 자리잡을수록 고유종이 설 자리가 없어지므로, 일부러 외래 식물을 심어서 퍼뜨리는 건 조심해야 해요.

우리 나라엔 어떤 외래 동물이 들어와 있을까?

꽃매미

원래 중국 남부와 베트남 등 더운 동남아 지역에서 살던 꽃매미는 1930년대와 70년대에 우리나라로 넘어왔어요. 이때만 해도 꽃매미들은 추운 겨울을 이겨 내지 못하고 대부분 죽고 말았어요. 그런데 지구 온난화로 인해 알 상태에서 겨울을 날 수 있게 된 꽃매미들은 아주 빠르게 번식했답니다.

사향쥐

사향쥐는 북미 원산으로, 쥐나 뉴트리아와 비슷하게 생겼지만 뉴트리아보다는 작아요. 원래 사향쥐는 연구를 위해 데려온 것인데, 자연으로 퍼지면서 숲이나 저수지 인근에 숨어 살게 되었답니다. 사향쥐는 추위를 잘 타지 않는 데다가 뉴트리아보다 번식력이 강해요. 나무뿌리를 갉아 먹고, 작은 동물을 닥치는 대로 잡아먹지요.

뉴트리아

'괴물 쥐'라고 불리는 뉴트리아는 남미가 고향이에요. 뉴트리아는 원래 모피를 얻기 위해 키우던 쥐였어요. 한때 농가에서는 뉴트리아가 아주 중요한 수입원이었답니다. 하지만 뉴트리아의 상품 가치가 떨어지자 자연에 버려져 여기저기 살게 된 것이지요. 뉴트리아는 1년에 3~4차례, 한 번에 많게는 15마리까지 새끼를 낳을 정도로 번식력이 좋아서 큰 골칫거리랍니다.

2장 생태계의 악당들

괴물 쥐 뉴트리아의 먹이 찾기

난 원래 초식동물이었는데, 한국에 와서는 아무거나 잘 먹어.

 뉴트리아가 먹이를 찾고 있어요.
뉴트리아가 먹을 수 있는 먹이는 무엇일지 찾아가 볼까요?

뉴트리아는 원래 초식성이었지만 한국에 들어오면서부터 잡식성으로 변해 버렸어요.
뉴트리아는 살아남기 위해 벼, 물고기 등 닥치는 대로 먹어 치운답니다.

생태계 교란종 없애야 할까, 말아야 할까?

3장 강의 악당들

생태계 교란 동물에는 어떤 것들이 있을까?

"신단 특공대, 출동!"

나와 호돌이, 수안이랑 박 박사는 숲에 퍼져 있는 외래종을 찾아다니기로 했어.

신단수 님이 주신 나뭇잎이랑 박 박사가 만든 특별 캡슐만 있으면 그 어떤 외래종이 덤비더라도 두려울 게 없다는 자신감이 생겼지. 그런데 갑자기 박 박사가 급한 볼일이 생겼다며 산 아래 마을로 갔지 뭐야.

우리는 모두 바람 빠진 풍선처럼 축 늘어져 버렸지.

"이러지 말고 돌아다니다 보면 외래 동물이 보이지 않겠어? 일단 그거라도 잡자!"

호돌이가 늘어지게 하품을 하며 말했어. 가만히 있으려니 온몸 구석구석 좀이 쑤셨던 거지.

"에이, 외래 동물이 뭔지 알아야 잡아넣지. 무턱대고 마구 잡아넣을 순 없잖아."

"하긴, 그렇네."

"그래도 나가 보자! 박사님만 외래종에 대해 알고 있으란 법은 없겠지. 잘 아는 사람을 만날 수도 있잖아."

그렇게 해서 우리는 산등성이를 향해 가게 되었어. 그런데 저 아래에서 누군가 헥헥거리며 걸어오는 게 보였어. 냄새를 맡은 호돌이가 재빨리 누렁이로 변신했어. 나도 수풀 속으로 들어가 재주를 넘었지.

"헥, 헥, 얘들아! 말 좀 묻자꾸나."

우리가 막 변신을 끝냈을 때였어. 산등성이를 오르고 있던 한 아저씨가 우리에게 말을 걸었어.

"뭔데요?"

"이 깊은 산속에서 아이들을 만나다니 반갑구나! 난 사진 기자란다. 혹시 물 좀 가진 거 있니?"

우리는 기자 아저씨에게 아주 맑은 물이 흐르는 계곡이 어딘지 안다고 말했어.

"그래? 그거 잘됐다! 목이 말라 죽을 것 같았거든."

우리는 기자 아저씨를 계곡으로 안내했어. 맑은 계곡 물소리가 졸졸 졸 들려왔지. 기자 아저씨는 두 손을 앞으로 모아 물을 담은 뒤 숨도 쉬지 않고 벌컥벌컥 물을 들이마셨어. 그때 개구리 한 마리가 바위 위로 폴짝 뛰어올랐지. 아주 덩치가 크고 살이 포동포동한 개구리였어.

"이런, 이 깊은 숲속에도 황소개구리가 있다니. 하여간 황소개구리나 큰입배스, 블루길 같은 녀석들은 문제라니까."

"개구리가 왜 문제예요?"

내가 묻자 기자 아저씨가 대꾸했어.

"보통 개구리라면 걱정을 않겠지. 이 녀석들은 생태계를 교란시키는 대표적인 동물에 속하는 황소개구리라고."

아저씨는 그 밖에도 뉴트리아, 붉은귀거북, 블루길, 큰입배스 등이 생태계 교란 동물이라고 말했어.

"황소개구리가 어떻게 생태계를 교란시키는데요?"

"맞아, 덩치가 좀 크긴 하지만 그래 봤자 개구리일 뿐인데."

우리가 중얼거리자 기자 아저씨는 고개를 가로저었어.

"원래 황소개구리는 잡아먹기 위해 가져온 것이었어. 예전에 우리나라는 식량이 부족했거든. 그래서 덩치가 크고 살이 많은 녀석으로 골라서 들여온 건데 글쎄, 이 녀석이 토종 개구리, 물고기, 심지어 뱀까지 잡아먹지 뭐야."

"에?"

"개구리가 뱀을 잡아먹는다고요?"

우리는 믿기지 않는 표정으로 입을 쩍 벌렸지.

"이 녀석들의 먹성과 번식력은 엄청나다고. 그래서 황소개구리 때문에 먹이사슬이 파괴되었다는 볼멘소리가 여기저기에서 터져 나오게 된 거야."

기자 아저씨는 한때 사회적으로 황소개구

황소개구리

리 잡기 운동까지 벌였다며 그 사진을 보여 주었어.

"우와, 정말 사람들이 모여서 황소개구리를 잡고 있네요!"

"그래, 이것도 내가 찍은 사진 중에 하나란다. 멋지게 잘 찍었지?"

"네!"

우리가 감탄할 때였어. 갑자기 기자 아저씨가 입맛을 다시더니 질문을 던졌지.

"애들아, 혹시 이 숲에서 곰 같은 걸 본 적 없니? 아니면 사람으로 변하는 곰에 대해 들은 적은?"

"예?"

단이의 동식물 노트

생태계 평형이란 무엇일까?

생태계 평형이란 어떤 지역의 생물 종류와 수 또는 양이 균형을 이루는 것을 말해요. 예를 들어서 풀이 무성한 무인도에 사슴 떼가 나타났다 생각해 보세요. 사슴들은 무인도에서 자라는 풀을 닥치는 대로 먹어 치울 거예요. 먹이가 풍부하니 사슴은 새끼도 많이 낳겠지요. 계속해서 사슴의 수는 늘어나고 풀은 줄어들게 될 거예요. 결국 섬은 풀이 사라지고 동물이 살 수 없는 황무지가 되겠지요.

그런데 이때 사나운 늑대들이 나타나면 어떻게 될까요? 늑대들은 사슴을 잡아먹기 시작할 거예요. 사슴의 수가 줄어드니까 풀이 다시 많이 자라게 되겠지요. 이렇게 풀이 자라면 사슴은 풀을 먹고, 늑대는 사슴이 많이 늘어나지 않도록 잡아먹어서 서로 균형을 이루지요. 이것을 바로 '생태계 평형'이라고 한답니다.

생태계의 파괴자? 외래 동식물

외래종이 살기 쉬운 땅

"믿기 어렵겠지. 하지만 내 두 눈으로 그걸 똑똑히 보았어."

기자는 사람이 쓰러져서 고통스러워하다가 곰으로 변하는 모습을 사진으로 찍었다며 카메라를 꺼내서 보여 줬어.

"내가 여기까지 찾아온 건 이상한 곰을 찾기 위해서라고."

'그러니까 우리 반들족을 찾기 위해서라는 거잖아?'

나랑 수안이는 침을 꿀꺽 삼키며 뒤로 물러섰어.

"왜 그런 표정을 짓는 거니? 내가 거짓말하는 것 같아?"

"아, 아니에요. 아저씨, 저희는 이제 집에 가 봐야 할 것 같아요!"

우리는 서둘러 신단 마을로 달려갔어. 그리고 마을에 도착하자마자 비상 상황일 때만 울리는 종을 땡땡땡 울렸지. 종소리를 들은 반들족이 허겁지겁 뛰어나왔어.

"왜 그래?"

"무슨 일이야?"

"크, 큰일났어요!"

나는 서둘러 반들족에게 기자 아저씨에 대해 알려 줬어.

"우리 눈으로 똑똑히 봤어요. 그 아저씨가 웅이 형이 변신하는 모습을 사진으로 찍어 뒀더라고요."

"세상에!"

"큰일이야, 큰일!"

마을 회장인 아빠는 당장 회의를 소집했지. 다른 곰 아저씨들도 부랴부랴 모였어.

"이제 어떡하죠?"

"당장 그 기자라는 사람을 내쫓읍시다!"

"맞아요, 겁을 주어서라도 산에서 몰아내야 해요."

다들 웅성거리며 소리쳤어. 그러자 아빠는 그런 폭력적인 방법으로 해결할 수 있는 일은 별로 없다며 차분하게 말했어.

"스스로 포기하게 만들어 봅시다. 만약 우리가 내쫓는다면 무슨 수를 써서든 다시 올 게 뻔해요."

그때였어. 마을에서 키우는 까마귀들이 일제히 짖어 대기 시작했어. 마을 입구에 누군가 나타났다는 소식을 알려 주는 거였지. 다들 부랴부랴 재주를 넘어 사람으로 변신했어. 가장 나이 많은 할아버지 곰까지 막 변신을 끝냈을 때야.

"실례합니다, 저는 숲을 돌아다니며 사진을 찍는 사진 기자인데요…… 하룻밤 묵어갈 수 있을까요?"

기자 아저씨가 목에 카메라를 건 채 나타났어.

"우선 저희 집에서 하룻밤을 지내도록 하세요."

아빠는 기자 아저씨에게 하룻밤 지낼 수 있는 집을 내주었어.

"저, 정말 죄송하지만 먹을 것도 좀 부탁드릴 수 있을까요?"

기자 아저씨가 능글맞은 웃음을 지으며 물었어. 아빠는 엄마에게 당장 먹을 것을 준비해 달라고 부탁했어.

그날 저녁, 나와 호돌이, 수안이, 그리고 아빠, 엄마, 누나와 기자 아저씨가 모두 모여서 저녁을 먹게 됐지.

"당분간 여기서 신세를 져도 될까요? 돈은 드리겠습니다."

기자 아저씨가 갓 따 온 과일을 우걱우걱 씹어 먹으며 물었어. 아빠랑 엄마는 불편한 표정으로 서로 바라보기만 했지.

"이 숲은 휴대 전화도 잘 안 되고 텔레비전도 나오지 않으니 불편하실 텐데요."

아빠가 말하자 기자가 고개를 가로저었어.

"아닙니다. 오랜만에 푹 쉴 수 있어서 좋은걸요. 내일은 낚시를 갈 예정이랍니다! 그나저나 이렇게 맑고 깨끗한 숲에 외래종 따위는 없겠죠? 얼마 전 매립지로 사진을 찍으러 갔더니 거긴 토종 동물이며 식물 따위는 모조리 사라지고 외래종만 남았더라고요."

기자 아저씨는 눈치 없이 말을 이어 갔어.

"토종과 외래종의 대결이 유독 치열한 곳이 매립지라는 건 다들 알고 계시죠?"

"그래요?"

아빠가 모르는 척 되물었지.

"하하, 그곳은 환경 오염으로 인해 토종 식물이나 동물이 살아가기엔 너무 척박하기 때문에 상대적으로 강인한 생명력을 가진 외래종이 차지하기 좋은 땅이죠."

"외래종은 토종을 닥치는 대로 잡아먹는다면서요?"

이번엔 누나가 물었어.

단이의 동식물 노트

착한 외래종도 있다고?

외래종은 크게 '귀화종'과 '침입 외래종'으로 나눌 수 있어요. 외국 사람이 우리나라로 귀화해 살 듯, 귀화종은 외국에서 온 것이지만 일정 시간을 거쳐 우리나라 생태계에 잘 적응한 것을 말해요. 대표적인 귀화종으로는 고려 말 중국에서 가져온 목화를 꼽을 수 있어요. 달콤하고 맛있는 블루베리도 농촌의 주요 수입원이 되는 착한 귀화종이지요. 하지만 우리나라의 생태계에 적응하지 못하고 피해를 주면서 위협이 되는 것들이 있어요. 이런 것을 침입 외래종이라고 한답니다.

"맞아요. 천적이 없거든요. 그러니 외래종 개체 수가 엄청나게 불어날 수밖에 없어요. 지나치게 어느 한쪽 개체 수가 늘어나면 생태계는 균형이 깨지고 파괴되기 시작하지요. 그래서 저는 인간들을 위협하는 외래종을 찾고 있어요."

그러면서 기자 아저씨는 아주 수상쩍은 곰을 보았다며, 그것이 틀림없이 외래종일 거라고 하는 거야.

'뭐야, 우리더러 외래종이라고 하는 거야? 우린 토종이라고!'

나는 속으로 이런 생각을 하며 입술을 삐죽거렸지.

단이의 동식물 노트

외래 동식물을 왜 위험하다고 할까?

외래 동식물은 천적이나 경쟁 생물이 없어요. 그 지역의 먹이사슬을 변화시켜서 생태계 평형을 파괴하기도 해요. 예를 들어 황소개구리, 배스, 블루길은 우리나라의 고유 어종들을 마구 잡아먹고 무법자처럼 생활하지요. 그래서 이런 외래종이 나타나면 우리나라 고유의 동식물들이 사라지게 된답니다. 무엇보다 외래 동식물이 위험한 까닭은 다른 생물의 서식지를 파괴하거나 훼손시키기 때문이에요. 예를 들어서 돼지풀이나 단풍잎돼지풀은 사람에게 꽃가루 알레르기를 일으켜요. 미국자리공의 뿌리, 서양등골나물 뿌리는 독성이 있어서 동물들이 먹고 죽거나 배탈을 일으키지요.

 외래종의 습격

이튿날 아침, 기자 아저씨는 낚시를 가야겠다며 콧노래를 불렀어. 호돌이는 그 모습을 지켜보며 호시탐탐 눈치를 살폈지.

"단아, 저 사람이 가진 카메라를 빼앗아 버리자!"

"안 돼, 가만있어."

"저 카메라 속에 반들족의 변신 장면이 들어 있었잖아."

"하지만 아빠가 가만히 있으라고 했단 말이야."

"내가 잽싸게 카메라만 물어 올게. 그걸 들고 도망치면 되잖아."

호돌이의 말에 나는 내키지 않는 표정을 지었어. 그때 기자 아저씨가 낚시를 다녀오겠다며 큰 소리로 인사를 하지 뭐야. 나랑 수안이랑 호돌이는 살금살금 기자 아저씨의 뒤를 밟았어.

기자 아저씨는 강가에서 낚시하기 시작했지. 아저씨는 우리에 대한 경계심이 전혀 없는 듯했어. 나랑 수안이랑 호돌이가 기자 아저씨에게 조심스럽게 다가가 카메라를 낚아채려 할 때였어. 갑자기 눈앞이 캄캄해지고 온몸에 전기가 찌리릭! 나는 곰으로 변한 채 정신을 잃고 말았어. 실은 기자 아저씨가 덫을 놓고 기다렸던 거야.

"크크크, 역시 내 생각이 맞았어. 너랑 너희 가족도 모두 곰으로 변할 수 있었던 거지? 아니, 너희 가족뿐만 아니라 이 마을 사람들 전체가

곰으로 변할 수 있는 거 아니려나? 특종이다, 특종!"

나는 도망치고 싶었지만, 꼼짝도 할 수 없었어. 그때 호돌이가 잽싸게 몸을 날려 기자 아저씨를 넘어뜨렸고, 수안이가 카메라를 낚아챘지. 그 순간 갑자기 짠 하고 나타난 박 박사가 나를 부축했어.

"이 녀석들, 내 카메라 내놓지 못해!"

기자 아저씨가 고래고래 소리를 질렀어. 그러거나 말거나 우리는 정신없이 달리기 시작했어.

"박 박사님은 여기 어떻게 오신 거예요?"

"마을에서 볼일을 다 보고 숲으로 가던 중이었는데, 너희가 낯선 남자 뒤를 밟고 있더구나. 그래서 나도 너희 뒤를 따라왔지."

우리는 잠시도 쉬지 않고 달리고 또 달렸지만 기자 아저씨도 눈에 불을 켜고 쫓아오지 뭐야. 우린 다급해진 나머지 강가로 첨벙첨벙 걸어 들어갔어. 순간 지독한 냄새가 코를 찔렀지.

"윽, 강물이 썩었나 봐!"

그때 뭔가 내 발가락을 깨물었어. 나는 아파서 소리를 지르며 물밖으로 튀어나왔지. 내 발가락을 꽈악 물고 있는 건 눈 뒤에 빨간 줄이 있는 거북이었어.

"으악, 이 녀석은 뭐지?"

"이 녀석은 붉은귀거북이라는 외래 동물이야. 처음에 반려동물로 키우려고 국내에 들어온 것인데, 사람들이 키우다 싫증이 나자 하천에 갖다 버렸지 뭐야."

그렇게 버려진 붉은귀거북은 하천의 암살자라는 별명이 붙을 만큼 살벌해졌다고 해. 크고 작은 물고기들을 마구 잡아먹어 버리는 괴물이 되어 버린 거지.

"으. 이 녀석 이빨 좀 봐요. 엄청 날카롭고 무시무시해요!"

"원래 붉은귀거북은 아열대 지방의 늪지에 사는 동물이었어. 그래서 사람들은 붉은귀거북을 그냥 두어도 괜찮을 거라고 생각했지. 추운 겨울을 견디지 못하고 사라질 것이라고 예측했던 거야."

"그런데 겨울을 이겨 낸 거예요?"

"외래종인 이 녀석들이 우리나라의 자연 환경에 적응해 버린 거지."

박 박사는 하천이 오염된 이유가 바로 붉은귀거북 같은 외래종들 때문일 거라고 했어.

"박사님, 그런데 동물들이 무슨 수로 강을 오염시켜요?"

나는 붉은귀거북에게 물린 발을 움켜쥐고 물었어.

"모르는 소리. 붉은귀거북은 물속에 있는 식물이며 물고기며 닥치는 대로 잡아먹는 녀석들이야."

물속 생물들이 줄어들고 수질을 유지해 주는 식물마저 사라지는 바람에 강물이 썩어 가기 시작한 거래.

"이 녀석은 너무 커서 특별 캡슐 안에 안 들어갈 것 같아요."

"윽, 어쩌지!"

바로 그때 엄청난 덩치를 가진 황소개구리들이 우리를 향해 꿀렁꿀렁 다가왔어. 마치 우리를 잡아먹으려는 것처럼 보였지.

기자 아저씨를 피해 도망쳤다가 더 큰 위험에 닥친 기분이었어.

"이제 우린 어떡하면 좋아!"

수안이가 발을 동동 굴렀어. 그때 박 박사가 나서며 소리쳤어.

"얘들아, 황소개구리는 붙잡아서 죽이는 수밖엔 방법이 없어!"

"윽, 이 많은 개구리를 죽이자고요?"

"이 녀석들을 없애지 않으면 생태계가 엉망이 될 거야."

수안이가 물속에서 본 배스를 떠올리며 물었어.

"잠깐, 아까 물속에 엄청나게 큰 물고기가 있던데! 그 녀석들도 외래종이지 않아요?"

"그래, 배스라는 녀석이지. 개구리도 통째로 잡아먹는 녀석이야. 배스나 황소개구리, 붉은귀거북은 뭐든 못 먹는 게 없는 무자비한 녀석들이란다."

그 순간 내 머릿속에 기가 막힌 생각이 하나 떠올랐어.

"배스와 황소개구리가 서로 먹고 먹히도록 유인하면 어때? 붉은귀거북이랑도 싸우게 하는 거야."

"그게 가능하겠어?"

수안이가 가망이 없다는 듯 고개를 가로저었어.

"혹시 이 나뭇잎을 이용하면 배스와 황소개구리를 서로 싸우게 만들 수 있을지도 모르잖아! 일단 해 보자!"

나는 신단수 님이 준 나뭇잎을 물 위에 띄워 보았어. 그러자 놀라운 일이 벌어졌어. 붉은귀거북과 배스, 황소개구리가 서로를 잡아먹으려고 공격을 하기 시작한 거야.

"와, 살벌하다, 살벌해!"

우리는 얼른 물 밖으로 몸을 피했어. 나는 나뭇잎을 건져서 품에 집어넣었지. 그때였어. 강변 갈대숲 사이로 뭔가 우르르 몰려오는 게 보였어.

"저건 뭐지?"

"뉴트리아다!"

박 박사가 소리쳤어.

"그건 또 뭔데요?"

"남미에 살던 괴물 쥐들이야."

"에? 뉴트리아가 어쩌다 우리나라까지 오게 된 거예요?"

"뉴트리아는 원래 모피를 얻기 위해 키우던 쥐였어. 하지만 애지중지 키우던 뉴트리아의 상품 가치가 떨어지자 농민들은 내다버리기 시작했고, 녀석들이 여기저기 흩어져 살게 되었지."

"맙소사!"

"그런데 뉴트리아들이 왜 강가로 몰려가는 걸까요?"

우리는 새카맣게 몰려가는 뉴트리아 떼를 바라보며 입을 쩍 벌렸어. 뉴트리아들이 붉은귀거북을 물어뜯기 시작한 거야. 붉은귀거북은 배스를 물어뜯고, 황소개구리는 뉴트리아를 공격했어.

눈 깜짝할 사이에 강가는 아수라장이 되고 말았지.

"정말 끔찍해!"

"이 모든 게 자연의 섭리를 거슬렀기 때문에 벌어진 일이야……."

우리는 넋을 놓은 채 그 광경을 바라보았어. 그때 멀리서 기자 아저씨가 쫓아오는 게 보였지.

집에서 키우던 외래종을 놓아주면 안 될까?

보통 호기심이나 사랑으로 반려동물을 키우려고 외래종을 구하는 경우가 많아요. 예를 들어 볼까요? 달팽이를 키우려고 해요. 그런데 우리나라의 토종 달팽이는 너무 작고 볼품없어 보이지 뭐예요. 대신 덩치도 크고 달팽이 집도 아주 멋진 아프리카 왕달팽이에게 눈길이 가요. 그래서 아프리카 왕달팽이를 데려와 키우기 시작한답니다. 처음엔 먹이도 주고 똥도 잘 치우고 관심을 줄 거예요. 하지만 점점 키우기 귀찮아질 수 있어요. 어쩔 수 없이 달팽이를 키우지 못하는 상황이 생길 수도 있고요. 그래서 더 넓은 자연으로 나가 자유롭게 살아가라며 놓아주지요.

문제는 여기서부터 발생한답니다. 아프리카 왕달팽이는 엄청난 번식력을 가지고 있거든요. 우리 토종 달팽이들을 닥치는 대로 잡아먹고 나뭇잎은 물론 곡식까지 갉아먹는답니다. 뿐만 아니라 뇌수막염을 일으키는 기생충의 중간 숙주가 되어 사람들까지 병들게 만들 수 있어요. 이게 다 우리 토종 생물 대신 외래종을 데려와 키우다가 무책임하게 내다 버린 결과랍니다.

아프리카 왕달팽이

큰입배스를 없애는 토종 동물이 있다고?

큰입배스는 식욕이 아주 왕성해서 작은 곤충부터 작은 물고기, 치어, 알까지 모두 먹어 치우는 생태계 교란종이에요. 큰입배스는 하천과 강, 저수지에 서식하던 토종 물고기 붕어, 잉어 등을 닥치는 대로 잡아먹었지요. 그래서 사람들은 일부러 큰입배스를 잡아 없애기까지 했어요. 하지만 큰입배스의 번식력은 너무 왕성해서 그 수를 줄일 수 없었지요.

큰입배스

그런데 우리나라의 토종 물고기인 가물치와 쏘가리가 큰입배스의 천적이라는 사실을 알아냈답니다. 가물치는 자신보다 작은 외래 어종인 큰입배스를 잡아먹어요. 쏘가리는 큰입배스의 먹이를 빼앗아 먹기 때문에 큰입배스가 번식하지 못하게 만드는 데 큰 공을 세웠지요. 천적이 생긴 덕분에 큰입배스는 요즘 우리나라의 생태계를 크게 파괴하지 못한대요.

가물치

O, X 퀴즈

외래종에 대한 설명을 O, X 퀴즈를 통해 알아볼까요?

1 외래종은 아주 강인한 생명력을 가지고 있으며 번식력이 뛰어나다. O X

2 외래종에겐 천적이 아주 많다. O X

3 토종과 외래종의 대결이 유독 치열한 곳은 매립지이다. O X

4 외래종이 문제가 되는 건 그 수가 한꺼번에 너무 많이 불어나서 생태계 균형을 깨뜨리기 때문이다. O X

5 외래종은 토종 동식물과 아주 잘 어울려 살아간다. O X

정답 ① O ② X ③ O ④ O ⑤ X

숲을 차지한 식물들

외래 식물이 우리나라 생태계에 끼치는 영향

우리는 기자 아저씨를 피해 강가에서 도망쳤어. 얼마나 달렸을까. 이쯤이면 더 이상 따라오지 않겠지 하고 안도의 한숨을 내쉬는데, 우리를 찾고 있는 기자 아저씨의 목소리가 들려오지 뭐야.

"난 더 이상 손가락 하나도 까딱할 수가 없어."

수안이가 중얼거렸지. 나도 힘이 쭉 빠진 건 마찬가지였어. 우리는 이대로 꼼짝없이 기자 아저씨에게 당하나 보다 했지. 그때 우리 아빠가 나타났어.

"아빠!"

"여기서 뭐 하는 거야?"

"우리가 기자 아저씨의 카메라를 빼돌렸어요!"

호돌이가 카메라를 보여 주며 으쓱거렸지. 하지만 기자 아저씨의 발소리에 깜짝 놀란 나와 호돌이는 본래 모습으로 돌아와 버렸지 뭐야.

"이런!"

아빠는 잽싸게 곰으로 변신해서 나와 수안이를 둘러업고 들판으로 달려 나갔어. 박 박사는 호돌이 등에 올라탔고. 그렇게 얼마나 갔을까.

마침내 탁 트인 들판이 나타났어. 들판엔 이름 모를 풀들이 가득했지.

그런데 어찌 된 영문인지 들판에 서 있으니 힘이 점점 빠지고 숨이 막히는 듯했어. 나는 정신이 아득해졌어.

"단아, 정신 차려!"

"갑자기 얘가 왜 이러는 거지?"

박 박사가 주위를 둘러보더니 외쳤어.

"풀 때문입니다! 여기 있는 풀들은 애기수영, 토끼풀 등 외래 식물들이에요. 맙소사, 태백산의 청정 지역까지 외래 식물로 가득 차다니!"

"이 풀들이 외래 식물이라고요?"

아빠 목소리가 메아리처럼 웅웅 울려왔어.

"그래요, 우리 토종 풀 대신 외래 식물들이 들판을 가득 메우고 있으니 생태계가 파괴된 겁니다."

"그, 그럼 어떻게 되는 거죠?"

"우리 토종 식물들이 자라지 못하면 그걸 먹이로 하는 1차 생산자의

단이의 동식물 노트

바나나를 집에서 기르면 외래 식물이 될까?

외래 식물이란 우리나라에 옮겨져 여러 세대를 반복하면서 토착화된 식물을 말해요. 그러니까 사람이 직접 들여와 가꾸는 재배 식물은 외래 식물이라고 부르지 않아요. 예를 들어서 온실에서만 자라는 바나나를 직접 기른다고 해서 그것이 우리나라의 생태계를 교란하는 외래 식물이 되는 건 아니라는 뜻이죠. 단, 돼지풀, 미국쑥부쟁이, 서양등골나물처럼 우리나라 산과 들에 퍼져서 몇 대를 살아가는 식물은 외래 식물이랍니다.

수가 급격히 줄어들게 되고, 1차 생산자가 줄어들면 그만큼 2차 생산자인 동물들도 피해를 당합니다. 결국, 먹이 피라미드 맨 꼭대기에 있는 사람의 피해가 가장 커지겠지요. 그리고 이건 제 생각입니다만, 당신들 반달족도 아주 큰 피해를 입을 것 같아요."

 외래 식물은 어떻게 우리나라까지 왔을까?

그날 밤 우리는 들판에서 야영을 했어. 아빠도, 나도, 호돌이도 이대로 신단 마을까지 가기엔 너무 기운이 달렸거든. 우린 모닥불을 피워 놓고 물끄러미 앉아 있었어. 그때 수안이가 넋두리하듯 중얼거렸지.

"외래 식물이 어떻게 우리나라까지 왔을까? 식물은 발도 없는데 말이지."

"외래 식물이 한꺼번에 많아지게 된 것은 교통수단의 발달과 밀접한 관련이 있어. 나라와 나라 간 무역이 활발해지면서 수입된 동물이나 사람의 몸에 씨앗이 붙어 오기도 하고, 목재 같은 것에 들어 있던 씨가 우리나라에 뿌리내리기도 한 거지."

박 박사가 설명해 주었어.

"사람들이 미처 알지 못하는 사이에 퍼지게 된 외래 식물은 우리나라 토종 식물들이 살 땅마저 차지해 버렸어. 그로 인해 생태계가 파괴되고, 환경은 더욱 엉망이 되어 버린 거야."

아빠는 반달족의 변신 능력이 약해진 까닭이 태백산에 자리하기 시작한 외래 식물 때문인 것 같다며 걱정스러운 표정을 지었어.

어디선가 사부작사부작 발자국 소리가 들려왔어. 그래, 기자 아저씨 발자국 소리였어. 나랑 아빠는 얼른 재주를 넘어 사람으로 변신했어. 호돌이는 변신해야 할지 말아야 할지 우왕좌왕하다가 수풀 속으로 뛰어들어갔지.

"여기들 있었군요!"

기자 아저씨가 뻔뻔한 얼굴로 태연스럽게 말을 걸었어.

"무, 무슨 일이십니까."

아빠가 떨리는 목소리로 물었지.

"아, 이 댁에서 키우는 누렁이가 제 카메라를 물고 도망쳤습니다."

"그, 그래요?"

"그 카메라 속에는 아주 대단한 사진이 있어요. 바로 사람이 곰으로 변신하는 모습이 담긴 사진이죠. 아닌가? 곰이 사람으로 변신을 한다고 해야 하나. 크큭, 그러고 보니 반달 마을 사람들은 덩치도 크고 우직한 게 꼭 곰을 닮은 것 같아요."

"그게 무슨 소립니까."

아빠가 시치미를 딱 뗐어. 기자 아저씨가 날카로운 눈초리로 우리를 힐끗 노려보더니 이를 악물며 말했지.

"누렁이는 어디 있습니까? 내 카메라를 돌려주세요."

"우린 모릅니다."

아빠의 말에 기자 아저씨가 인상을 확 찌푸렸어.

"좋은 말 할 때 누렁이가 어디 있는지 말해요. 안 그러면 나쁜 일이 벌어질 겁니다."

"나쁜 일이라뇨?"

그때 기자 아저씨가 전기 충격기를 꺼냈어. 깜짝 놀란 수안이랑 박 박사가 무슨 짓이냐고 소리쳤지. 예전의 아빠라면 그딴 것쯤은 가뿐하게 물리쳤을 텐데, 이상하게도 아빠는 숲에서 통 힘을 쓰지 못했어. 아빠는 전기 충격을 받자마자 자리에 털썩 쓰러지고 말았어.

"아빠!"

"너희도 이렇게 되고 싶지 않으면, 카메라를 내놓는 게 좋을 거야."

"우린 아무것도 몰라요!"

"시끄러워. 난 너희들의 정체에 대해 다 알고 있어!"

기자 아저씨는 버럭 소리를 지르더니, 가방에서 밧줄을 꺼냈어. 그러곤 커다란 나무 아래에 아빠와 박 박사, 수안이, 마지막으로 나를 차례대로 묶었지.

"우리한테 왜 이래요!"

나는 당장이라도 기자 아저씨를 공격하고 싶었지만, 기운이 없어서 숨을 쉬는 것조차 힘들었지 뭐야.

"넌 꼬마 곰이겠지? 이봐, 빨리 곰으로 변신해 봐!"

기자 아저씨가 우릴 향해 사나운 표정을 지었어.

평소의 아빠였다면 나무를 통째로 뽑아내고 밧줄도 우두둑 끊어 버렸을 거야. 그런데 나무에 묶인 아빠는 좀처럼 힘을 쓰지 못했어. 그때 수안이가 뭔가 알아낸 듯 큰 소리로 말했어.

"아저씨의 힘이 약해진 건 저 가시박 덩굴 때문이야! 가시박은 생태계를 파괴하는 외래종이라고!"

바람에 가시박 줄기가 흔들리기 시작했어. 알 수 없는 비릿한 향이 코끝에 스며들었지. 순간 그나마 남아 있던 힘이 쫙 빠져나가는 듯했어.

나는 두 손을 꼭 쥐고 하늘에 기도했어. 제발 아빠와 우리 반들족을 도와 달라고 간절하게 빌었지. 바로 그때 수풀 속에 숨어서 기회를 엿보던 호돌이가 기자 아저씨를 향해 몸을 날렸어.

"어흥!"

호돌이는 천둥처럼 요란하게 표효하며 기자 아저씨의 팔을 덥석 물었지. 놀란 아저씨가 바들바들 떨며 살려 달라고 소리쳤어.

"호돌아, 시간이 없어! 아빠를 먼저 구해야 해!"

우리나라에 퍼진 외래 식물

 호돌이가 나무에 묶여 있는 아빠에게 다가가려고 할 때였어. 기자 아저씨가 다시 전기 충격기를 꺼내 들었지.

 "제발 우리를 괴롭히지 말아요!"

 나는 두 눈을 질끈 감으며 있는 힘껏 소리를 내질렀어. 그 순간 마른 하늘에서 번개가 쩍! 번개는 기자 아저씨의 머리 위로 떨어졌어.

 "으악!"

 기자 아저씨가 번개에 맞고 쓰러졌어. 아저씨는 몸을 부르르 떨며 괴로워했지. 호돌이가 아빠와 나를 묶었던 밧줄을 이빨로 끊자마자, 아빠는 서둘러 박 박사와 수안이의 밧줄을 풀어 주었지.

 "고맙습니다. 그런데 어서 도망쳐야 해요!"

 박 박사가 얼른 나와 아빠한테 도망치라고 외쳤어. 바로 그때 수풀 속에 덩굴채로 자라던 풀들이 마치 살아 있는 손처럼 쓰윽 움직이기 시작했어.

 "엇, 저건 단풍잎돼지풀이야!"

 "그게 뭔데요?"

 "단풍잎돼지풀은 번식력과 생명력이 매우 강한 외래종이야. 풀 하나가 자라면 무려 수천 개 이상의 씨앗이 만들어진다고."

박 박사는 그것들이 바람을 타고 여기저기 날아가서 자리를 잡고 싹을 틔우면 눈 깜짝할 사이에 주변을 뒤덮어 버린다고 했지.

"으악, 단풍잎돼지풀이 마치 살아 있는 것처럼 쫓아오고 있어!"

우릴 공격하려는 건 단풍잎돼지풀만이 아니었어. 아까 우리를 괴롭혔던 가시박 덩굴도 꿈틀꿈틀 움직이며 우리를 향해 기어 왔지. 잎이 마치 손바닥 모양처럼 생긴 가시박은 우리 다리를 붙잡더니 온몸을 칭

단이의 동식물 노트

외래 식물의 강한 번식력

외래 식물이 주는 피해는 외래 동물 못지않게 크답니다. 팔다리도 없는 식물이 피해를 줘 봤자 얼마나 주겠냐고 생각할 수도 있겠지만 가볍게 여길 문제가 아니에요. 예를 들어 엄청난 번식력을 가진 가시박과 서양금혼초의 경우 다른 식물들을 자라지 못하게 만들어요. 북아메리카가 원산지인 가시박은 1990년 오이 접목에 쓰기 위해 들여왔어요. 경우에 따라서는 한 그루당 25000개 이상의 씨앗이 달리기도 하는데, 60년이 지나도 싹을 틔울 수 있어서 깨끗하게 없애는 것 자체가 불가능하다고 해요. 오죽하면 '식물계의 황소개구리'라 부를 정도일까요. 이렇게 퍼진 외래 식물들은 우리나라의 토종 식물이 자라지 못하게 해요. 그러면 토종 식물을 먹이로 삼고 살아가는 동물들의 수까지 줄어들게 되지요. 결국, 그로 인해 생태계가 파기되는 거예요.

가시박

칭 휘감기 시작했어.

"윽, 숨을 못 쉬겠어!"

"답답해!"

"가시박은 주변 식물이 햇빛을 받지 못하게 만들어 죽여 버리는 고약한 외래 식물이야."

우리는 괴로워서 온몸을 비틀며 신음했어. 그때 수안이가 캡슐 속에 갇혀 있던 꽃매미를 떠올렸지.

"단아, 꽃매미를 풀어 주자!"

"뭐?"

"꽃매미는 식물의 수액을 빨아 먹잖아. 신단수 님이 주신 나뭇잎을 이용하면 꽃매미가 저것들을 공격할지도 몰라!"

나는 수안이가 시킨 대로 나뭇잎을 높이 치켜들었고, 수안이가 재빨리 캡슐을 열었지.

순간 수백, 수천 마리의 꽃매미들이 우르르 몰려나오더니, 가시박과 단풍잎돼지풀을 공격하기 시작했어.

그 틈에 우린 간신히 집 앞까지 달려올 수 있었어.

"윽!"

긴장이 풀렸던 탓일까. 나랑 아빠는 동시에 쓰러져 정신을 잃고 말았어.

이튿날, 수안이랑 박 박사가 우리를 찾아왔어. 번개를 맞고 쓰러졌던 기자 아저씨는 정신을 차리자마자 부랴부랴 도망쳤다는 소식을 전해 주었지.

"기자 아저씨의 카메라는?"

"카메라는 벼락에 맞아 부서져 버렸어."

"휴, 다행이다!"

나는 안도의 한숨을 내쉬었지. 하지만 아빠의 얼굴은 밝아 보이지 않았어.

"아빠, 왜 그래요? 카메라도 부서졌고 우릴 괴롭히던 기자 아저씨도 사라졌잖아요."

"그 기자가 사람들을 몰고 와서 우리 정체를 파헤치려고 하면 어떡하나 걱정이 되는구나."

"아!"

"그렇게 혼쭐이 났는데 설마 또 오겠어요?"

호돌이가 헛웃음을 쳤어.

하지만 현실은 우리 희망대로 흘러가지 않았지.

그로부터 며칠 뒤, 아빠의 걱정대로 기자 아저씨가 신단 마을에 돌아왔어. 이번엔 아저씨 혼자가 아니라 방송국 사람들을 잔뜩 이끌고 나타났지.

"자, 여러분! 바로 여깁니다. 여기 사는 사람들은 사실 곰이에요. 이들은 모두 사람인 척하고 있는 거랍니다."

"에이, 설마요!"

"틀림없소. 내 두 눈으로 똑똑히 봤다니까? 나를 못 믿는 겁니까?"

기자 아저씨는 사람들에게 신단수 숲에 사는 곰들이 인간으로 변신할 수 있는 능력이 있다고 떠들어 댔어.

"야, 꼬마! 얼른 곰으로 변신해 봐!"

기자 아저씨가 나를 위협하듯 말했어.

나는 잔뜩 겁먹은 표정으로 "왜 그러세요, 아저씨!"라며 눈물을 글썽거렸지. 그걸 본 사람들은 기자에게 정말 제대로 본 게 맞느냐며 따지듯 물었어.

"증거, 증거를 보여 주겠소!"

기자 아저씨가 전기 충격기를 꺼내며 소리쳤어. 그걸 본 아빠가 버럭 외쳤지.

"설마 지금 그걸로 어린애를 협박하려는 겁니까? 당장 이 마을에서 떠나세요!"

"야, 변신해 보라고!"

기자 아저씨가 계속해서 소리쳤어.

하지만 다행히도 우리는 거의 다 힘이 회복된 상태였지. 기자 아저씨가 아무리 위협을 해도 끄떡없는 상태였던 거야.

"뭐야, 우린 기자님 말만 믿고 여기까지 왔는데!"

"곰이 사람으로 변신한다는 말을 믿는 게 아니었어!"

기자 아저씨가 몰고 온 카메라맨과 다른 기자들은 인상을 찌푸리며 소리쳤어.

"자, 저 사람들이 곰으로 변신할 거예요! 이 녀석도 마찬가지이고!"

"모두 돌아가요! 제발 우리를 가만두라고요!"

나는 사람들을 향해 울먹이며 소리를 내질렀어.

예쁜 핑크뮬리를 없애야 할까?

핑크뮬리는 북아메리카에서 자라는 벼과의 식물이에요. 원래 이름은 털쥐꼬리새인데, 겉모습이 분홍빛을 띤다고 해서 핑크뮬리라고 불리지요. 그런데 최근엔 핑크뮬리를 예쁘다는 이유만으로 들여와 곳곳에 치장한 관광지가 늘어나고 있지요. 하지만 핑크뮬리는 우리나라 환경엔 맞지 않는 외래종이에요.

핑크뮬리는 억새풀의 한 종류이기 때문에 생명력이 강해서 우리나라 토종 식물이 자라지 못하도록 만들 수 있거든요. 김도순 서울대 식물생산과학부 교수는 "당장 보기 좋다고 우후죽순처럼 심어 놓은 핑크뮬리가 한국 자생종을 위협할 수도 있다"고 경고합니다. 지금은 잘 관리해서 문제가 없다고 해도 도로나 강가로 퍼져 나갔을 때 골칫거리가 될 가능성이 크다고 문제 제기를 한 것이지요.

핑크뮬리를 이대로 두어도 되는 걸까요? 아니면 없애야 할까요?

외래 식물이 우리 건강을 해칠 수 있을까?

외래 식물의 침입으로 번식할 땅을 잃은 토종 식물은 그 수가 확 줄어들어요. 개체군의 수가 줄어들면 나중엔 멸종으로 이어질 수 있답니다. 더욱 큰 문제는 외래 식물 때문에 우리의 건강도 나빠질 수 있다는 것이지요. 예를 들어 서양등골나물은 국화

서양등골나물

처럼 생긴 풀이에요. 이 풀은 다른 주변 풀들이 자랄 자리를 몽땅 차지한 채 아주 빠르게 번식해요. 먹을 것이 사라진 초식동물들은 어쩔 수 없이 서양등골나물을 먹을 수밖에 없을 거예요.

그런데 이 풀은 잎과 줄기에 독성이 있어서 이것을 많이 먹은 소는 몸속에 독이 퍼진답니다. 그래서 서양등골나물을 먹은 소의 젖으로 만든 우유나 치즈를 먹으면 구토나 변비를 일으키게 돼요.

자, 생각해 보세요. 사람들이 먹는 우유에 독이 퍼지면 어떻게 될까요? 사람들은 더는 우유를 먹지 않을 거예요. 그러면 키우는 소의 수가 줄어들겠지요. 소는 점점 줄어들다가 결국 몇 마리만 남게 될지도 몰라요. 그러면 소가 줄어든 것보다 몇천, 몇만 배 빠르게 서양등골나물의 수가 늘어날 거예요. 자신들을 잡아먹을 소가 줄어들었으니 당연한 일이겠죠. 이런 식으로 생태계가 파괴되는 거랍니다.

O, X 퀴즈

외래 동식물 때문에 벌어진 일을 살펴보고 맞으면 O, 틀리면 X로 표시해 보세요.

1.
외래 동물이 토종 생물을 많이 잡아먹는 바람에 토종 생물의 수가 크게 줄어들었다.

2.
큰입배스는 우리나라 사람들의 식량으로 유용하게 사용되고 있다.

3.
식물 생태계가 파괴되면 결국 가장 큰 피해를 입는 건 사람이다.

4.
외래 식물은 오염된 우리나라 생태계를 깨끗하게 만들어 준다.

5.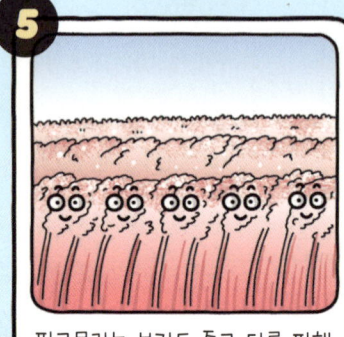
핑크뮬리는 보기도 좋고 다른 피해는 전혀 미치지 않는 식물이다.

①O ②X ③O ④X ⑤X

5장

생태계 회복을 위한 노력

🦉 생태계 복원이란

 호돌이가 기자 아저씨의 발을 꽉 물어뜯는 사이 나는 서둘러 도망치기 시작했어. 그렇게 얼마나 달렸을까.
 "거기 서!"
 기자 아저씨는 나를 끈질기게 뒤쫓아왔어. 나를 쫓아온 건 기자 아저씨뿐만이 아니었어. 함께 온 사진 기자들과 카메라맨 아저씨들도 함께였지. 한꺼번에 많은 사람을 본 나는 덜컥 겁이 났어. 나는 허겁지겁 도망치다가 신단수 님 앞에 철썩 넘어지고 말았어.
 "다른 곰들은 몰라도 너처럼 어린 곰은 얼마든지 상대할 수 있지. 어서 변신해, 변신하라고!"

기자 아저씨가 나를 향해 소리쳤어. 나는 너무 당황한 나머지 변신이 풀려 버리고 말았어. 내 몸은 서서히 곰으로 변하기 시작했어. 팔다리에 털이 수북해지고 주둥이가 쑥 튀어나오고 있었지.

"단아, 참아야 돼!"

수안이의 목소리였어. 헐레벌떡 나를 쫓아온 수안이는 박 박사가 만든 특별 캡슐을 닥치는 대로 집어 던졌어. 순간 캡슐이 열리면서 외래 동물들이 우르르 튀어나왔지. 캡슐 속에 갇혀 있던 외래 동물들은 잔뜩 화가 난 듯 기자 아저씨와 사람들을 향해 몰려들었어.

"나, 나방이 쫓아온다!"

"윽, 이 알록달록한 매미들은 뭐지!"

사람들은 겁에 질려 도망치기 시작했어. 모두 우왕좌왕! 그야말로 난장판이었지. 그때 하늘에서 우르르 쾅 번개가 내리쳤고, 순간 캡슐에서 빠져나온 외래 동물들이 바닥에 힘없이 떨어졌어.

"어라? 대체 무슨 일이 벌어진 거야?"

"여긴 어디지?"

사람들은 방금 전까지 있었던 일을 하나도 기억하지 못하는 것 같았지. 누군가 지우개로 머릿속의 기억을 싹 지워 버린 것처럼 말이야.

"저 사람들이 왜 저러지?"

수안이가 꺼림칙한 표정으로 사람들을 노려보았어. 그사이 사람들은

산 아래로 우르르 내려가기 시작했지.

"신단수 님이 우릴 도와주신 게 틀림없어!"

나는 신단수 님에게 감사의 인사를 올렸어. 수안이도 정말 다행이라며 고개를 숙여 인사했지. 사람들이 산 아래로 모두 내려가자 아빠랑 박 박사가 달려왔어. 호돌이도 함께였지.

"단아, 괜찮아?"

"난 멀쩡해. 모두 신단수 님 덕분이야."

"휴, 정말 다행이다."

우리는 안도의 한숨을 내쉬며 어깨를 축 늘어뜨렸어.

"아빠, 저 사람들이 다신 찾아오지 않겠죠?"

"그건 모를 일이지. 앞으로 이런 일은 얼마든지 다시 일어날 수 있으니까."

아빠의 말에 박 박사가 심각한 표정을 지었어.

"하지만 한번 훼손된 생태계는 회복되는 데 매우 긴 시간이 걸려요. 훼손되기 이전 상태로 완전하게 복원하기도 어렵고요."

"그래도 꾸준히 노력하다 보면 생태계는 이전만큼은 아니더라도 원래의 상태에 가깝게 회복되지 않을까요?"

"음, 불가능한 일은 아니죠. 생태계를 복원시키려면 먼저 해당 지역의 생태 환경을 조사하고, 서식하고 있는 생물 종과 서식지의 특징을 조사해야 해요. 복원하려고 하는 곳의 먹이사슬과 먹이그물을 만들고, 동식물이 살아가는 공간을 가상으로 만들어서 연습을 해야 하죠."

박 박사의 말에 수안이가 머리를 긁적이며 말했지.

"뭐가 그렇게 복잡해요? 그냥 자연을 깨끗하게 만들면 되는 거 아니에요? 이게 다 자연이 파괴되고 오염되어서 벌어지는 일이라면서요?"

"아니야, 무턱대고 자연을 깨끗하게 만든다고 해서 파괴된 것이 다시 원래대로 돌아오진 않아."

그 말을 들은 우리의 고민은 더욱 깊어졌지.

파괴되었던 생태계가 복원된 예

우리가 심각한 표정을 하고 있을 때였어. 박 박사가 털털하게 웃음을 짓더니 말했어.

"너무 걱정 말아요. 당장 회복되는 건 어렵겠지만 불가능한 건 아니니까."

"정말요?"

나와 수안이가 동시에 물었지.

"그래, 우포늪처럼 아주 심각하게 오염되었던 곳도 원래대로 돌아왔으니까."

"에? 우포늪이 오염된 곳이었다고요?"

수안이가 고개를 갸웃하며 물었어.

"거기가 어딘데?"

나랑 호돌이도 궁금하다는 듯 고개를 쭉 빼며 물었지.

"창녕 우포늪은 우리나라 최대의 자연 늪지로, 약 1억 4천만 년 전부터 생성되어 온 지역이야. 공룡 시대였던 중생대 백악기 시대부터 생겨난 곳이란다."

"그런데요?"

우리가 묻자 박 박사가 얼른 말을 이었어.

"한때 사람들은 늪지를 쓸모없는 땅이라고 생각했어. 그래서 쓰레기 매립장을 만들려고 했지. 하지만 늪이 얼마나 중요한지를 깨달은 사람들은 우포늪을 살리기 위해 애쓰기 시작했어. 그 결과 우포늪은 수많은 종의 생명체가 어우러져 살고 있는 다양한 동식물의 소중한 보금자리가 되었지."

"우와. 그렇다면 우리에게도 가능성이 있는 거로군요."

단이의 동식물 노트

생태계 복원이란?

생태계 복원이란 생물 그 자체나 생물이 살아가는 곳을 훼손되기 이전의 상태로 되돌리는 것을 말해요. 대표적인 예로 '창녕 우포늪'을 들 수 있어요. 우포늪은 우리나라 최대의 자연 늪지로 약 1억 4천만 년 전부터 만들어진 지역이지요. 전체 면적이 70만 여 평에 달하

고, 람사르 협약에 의해 보존 습지로 지정되었지요. 천연기념물 제524호로 지정되었고, 정식 명칭은 '창녕 우포늪 천연 보호구역'이에요. 현재 우포늪은 2005년 자연 생태 복원 우수 사례로 지정될 정도로 훌륭하게 복원되었답니다. 부들, 창포, 갈대, 줄, 올방개, 붕어마름, 벗풀, 가시연꽃 등이 자라고 있어서 마치 '생태계 박물관'을 보는 것과 같다고 해요.

나는 태백산을 우포늪처럼 만들어 보자고 소리쳤어. 호돌이가 "그래! 그러자!"라며 맞장구를 쳤지. 바로 그때였어. 우리 마을의 연락병인 부엉이가 날개를 퍼덕이며 날아왔어.

"엇, 무슨 일이지?"

아빠가 부엉이 발에 묶여 있던 편지를 꺼내 읽기 시작했어. 편지 끝에는 족제비 발자국이 쾅 박혀 있었지. 편지를 읽는 아빠의 표정이 점점 일그러지기 시작했어. 나는 침을 꼴깍 삼키며 물었지.

"아빠, 무슨 편지예요?"

"외국으로 잡혀갔던 족제비가 보낸 편지야. 사람들이 자기들을 내쫓으려고 혈안이 되었다지 뭐니."

"어째서요?"

"우리가 황소개구리나 뉴트리아 같은 외래 동물을 내쫓으려는 것과 마찬가지 이치이겠지. 족제비들이 환경에 지나치게 잘 적응한 나머지 다른 동물까지 모조리 잡아먹고 생태계의 최고 포식자가 되었다는구나."

"그건 그렇고 족제비들은 어째서 다른 나라까지 간 거래요?"

수안이가 두 눈을 동그랗게 치켜뜨며 물었어.

"한때 일본 사람들이 모피를 생산하기 위해 우리나라의 족제비를 닥치는 대로 잡아간 적이 있었어. 그런데 사육하던 족제비들이 숲으로 탈출하기 시작했나 봐."

"맞아, 내 친구 족제비도 붙잡혀 갔어!"

"우리나라 족제비들은 매우 사나운 데다 적응 능력이 뛰어나지. 그러니 다른 나라 동물들을 모조리 잡아먹는 무서운 존재가 된 것 같아."

"그건 칭찬할 일이잖아요! 우리나라 동물이 생태계를 장악했다는 건 좋은 일 아닌가?"

호돌이가 기쁜 듯 말했지.

"절대 그렇지 않아. 우리나라 생태계도 중요하지만 다른 나라의 생태계도 중요한 법이니까."

박 박사가 심각한 표정으로 끼어들었어.

그때였어. 이번엔 박쥐 한 마리가 날아왔어. 박쥐는 가물치가 미국에서 소동을 피우고 있다며, 당장 모두를 데려와야 한다고 소리쳤지.

"가물치? 물고기 말이야?"

"그래, 그 녀석들은 미국에서 스네이크헤드라는 이름 외에도 프랑켄피시, 피시질라 등의 두려운 별명으로 불린대."

가물치들이 미국의 토종 생물을 잡아먹고 호숫가를 장악해 버렸다는 거야. 마치 우리나라에 들어온 황소개구리나 배스가 생태계 환경을 파괴하는 것처럼 가물치 역시 다른 나라의 생태계를 파괴하고 있었던 거지.

"휴, 어쩌다 이렇게 된 걸까."

"이대로 가만히 있을 순 없어! 내가 나서야겠어."

나는 수안이랑 박 박사에게 도와 달라는 듯 간절한 눈빛을 보냈어. 둘은 얼마든지 우릴 돕겠다고 했지. 물론 호돌이도. 우린 모두 의지가 활활 불타올랐어.

"잠깐, 뭘 어떻게 하려고?"

"우리가 직접 외국으로 가서 생태계를 교란하는 토종 동물들에게 제대로 설명해 주어야겠어요."

아빠는 선뜻 대답하지 못했어. 이유는 나도 충분히 알고 있어. 우리 반달족들은 신단 숲을 벗어나 본 적이 없거든. 아빠는 변신이 풀려 버리거나 무슨 문제가 생길까 봐 걱정스러워서 쉽사리 대답할 수 없었던 거지.

"우리한테는 신단수 님이 주신 특별한 나뭇잎이 있잖아요!"

"하지만……."

아빠가 걱정스럽게 나를 바라보았어. 그때 수안이가 끼어들었지.

"아저씨, 우리가 힘을 합치면 생태계도 다시 복원시키고 다른 동물도, 식물도 모두 행복하게 살 수 있도록 만들 수 있을 거예요."

"맞아요, 아빠가 신단 숲과 태백산의 생태계를 복원시키는 동안 나랑 수안이는 외국을 다녀올게요!"

호돌이도 돕겠다며 나섰어.

"하는 수 없지. 그 대신 조심하고 또 조심해야 한다."

아빠의 말에 나는 신이 나서 펄쩍 뛰어올랐어. 이렇게 해서 우리 신단 특공대는 두 팀으로 나뉘었어. 한 팀은 태백산의 생태계를 복원하는 팀이고, 또 한 팀은 외국으로 가서 골칫덩이가 되어 버린 토종 동식물 문제를 해결하는 팀이었지.

"그럼 언제 출발하지?"

"망설일 게 뭐 있어, 지금 출발하자!"

나는 수안이에게 당장 중국이든 일본이든 달려갈 수 있을 것 같다고 말했어.

"쯧쯧, 사람으로 변신해서 비행기를 타면 되잖아. 뭐 하러 힘들게 거기까지 뛰어가냐?"

"그, 그런가?"

내가 머리를 긁적이자 모두 한바탕 웃음을 터뜨렸지. 신단수 님도 웃는 듯 나뭇가지를 사박사박 흔들었어.

단이의 동식물 노트

멸종 위기 동물을 풀어놓기 전에 해야 할 일

생태계를 회복시키기 위해 사람들은 멸종 위기의 동물 개체 수를 늘리기 위해 방사하고 있어요. 지리산의 반달곰이나 백두산의 호랑이들을 자연에 풀어놓는 것이 대표적인 예이지요. 하지만 무조건 멸종 위기의 동물을 풀어놓는 게 좋은 건 아니랍니다. 지리산 반달곰의 경우 2004년부터 38마리를 차례로 풀어놓았는데 그중 12마리는 죽었고 7마리는 적응에 실패해 훈련장으로 다시 데려왔지요. 반달곰과 같은 멸종 위기의 동물들이 살아가기 위해서는 망가진 생태계와 삼림을 되살리는 노력이 먼저 필요해요.

외래종의 천적이 되는 토종 생물이 있을까?

꽃매미를 없애는 토종벌 꽃매미벼룩좀벌

꽃매미를 없애는 무시무시한 생물이 바로 우리나라 토종벌인 꽃매미벼룩좀벌이랍니다. 꽃매미는 나무의 즙액을 빨아 먹어 줄기를 말라비틀어지게 만드는 생태계 교란 생물이지요. 그런데 어른 손톱만 한 크기의 토종벌인 꽃매미벼룩좀벌이 나타나 꽃매미의 알 속에 자신의 알을 낳기 시작한 거예요. 꽃매미 알에서 태어난 꽃매미벼룩좀벌의 애벌레는 알에 기생하면서 영양분을 빼앗아 먹고 자라지요. 결국 영양분을 다 빼앗겨 버린 꽃매미의 알은 죽고 말아요.

황소개구리의 천적

황소개구리는 물고기, 청개구리 등을 닥치는 대로 잡아먹는 대표적인 생태계 교란종이에요. 하지만 이런 황소개구리를 꼼짝 못 하게 만드는 것이 물속에 사는 토종 곤충 물장군이랍니다. 연못이나 습지에 주로 사는 물장군은 몸길이 7~8㎝로 물속에 사는 곤충 가운데 매우 큰 편에 속해요. 물장군은 황소개구리 올챙이를 잡아먹기 때문에 무시무시한 천적 노릇을 톡톡히 하고 있답니다.

물장군

사실 2010년부터 황소개구리의 개체 수가 크게 줄었는데, 또 다른 천적인 기러기, 고니 등을 포함한 오리와 국내 하천 생태계의 지배자인 왜가리 때문이라고 해요. 다 자란 성체를 하나씩 먹는 상위 포식자와 달리, 오리와 왜가리는 황소개구리 알과 올챙이들을 아예 씨가 마를 정도로 널름널름 집어삼킨다고 해요. 황소개구리 무리 때문에 골머리를 앓는 농가에서 대규모로 오리를 들여오는 오리 농법이 유행했던 적도 있을 정도니, 이 새들을 황소개구리가 얼마나 무서워했을지 짐작이 가시나요?

하지만 이런 점도 생각해 보세요. 외래종을 막는다고 천적이 되는 토종 생물을 마구 투입하면 어떻게 될까요? 개체 수가 갑자기 늘어나면 생태계에 또 어떤 문제가 생길까요?

어려운 용어를 파헤치자!

공생 다른 종류의 생물들끼리 서로 도움을 주고받는 관계를 공생이라고 해요.

귀화 동식물 본래 살던 곳이 아니라 다른 곳으로 와서 잘 정착한 동식물을 말해요. 주변 환경이나 다른 동식물의 생태계를 파괴하지 않고 환경에 잘 적응하여 번식한 동식물을 이렇게 부른답니다.

기생 생물들 중에 어느 한쪽만 일방적으로 이익을 보는 관계를 기생이라고 해요.

생태계 생물들이 모여서 서로 영향을 주고받으며 살아가는 세계를 말해요.

생태계 평형 어떤 지역에서 생물의 수가 급격히 변하지 않고 안정된 상태를 유지하는 것을 생태계 평형이라고 해요.

외래종 본래 서식지에 살던 동물이나 식물을 사람이 인위적으로 가져오거나, 자연적으로 이동해 온 것을 말해요.

천적 생물은 서로 먹고 먹히는 관계예요. 천적은 이런 관계에서 일방적으로 잡아먹는 쪽을 말해요. 예를 들면 피라미의 천적은 메기, 쏘가리 같은 것이겠지요. 메기나 쏘가리는 피라미를 잡아먹을 수 있지만, 피라미는 그들을 잡아먹지 못해요.

토착종 어떤 장소에서만 살아가는 동식물을 말해요. 그 특정한 장소 말고 다른 곳에서는 볼 수 없는 것이 특징이지요.

외래 동식물 관련 사이트

환경부 me.go.kr
우리 국민의 환경권을 지키기 위해 노력하는 정부 기관이에요. 환경 정보 페이지에서 외래종의 종류와 분포 등을 알 수 있어요.

국립생물자원관 www.nibr.go.kr
국가 생물 자원을 확보, 소장, 관리를 통해 생물 자원 주권을 확립하는 데 노력하는 환경부 산하 기관이에요. 토착종과 외래종을 연구하고 그 자료를 모아 둔 곳이에요.

국립환경과학원 nier.go.kr
국내 유일의 종합 환경 연구 기관으로서 국민의 행복한 환경 복지를 구현하기 위해 보건, 기후·대기, 물, 자원·에너지, 생활 환경 등 다양한 환경 연구를 수행하고 있는 곳이에요. 생태계 균형을 깨뜨리는 외래종을 찾아내고 환경 유지를 위해 어떻게 해야 할지도 연구하지요.

국립낙동강생물자원관 www.nnibr.re.kr
낙동강에 서식 중인 토착종과 외래종을 연구하고 낙동강 생태계를 보호하기 위한 실태 조사 등을 하는 곳이에요.

신나는 토론을 위한 맞춤 가이드

단이랑 호돌이, 수안이 그리고 박 박사와 함께한 외래 동식물 퇴치를 재미있게 읽었나요? 이제 외래 동식물에 관한 한 박사가 다 되었다고요? 그 전에 마지막 단계인 토론을 잊지 마세요. 토론을 잘하려면 올바른 지식과 다양한 정보가 바탕이 되어야 해요. 책을 읽고 친구 또는 부모님과 신나게 토론해 봐요!

잠깐! 토론과 토의는 뭐가 다르지?

토론과 토의는 모두 어떤 문제를 해결하기 위해 의견을 나누는 일입니다. 하지만 주제와 형식이 조금씩 달라요. 토의는 여러 사람의 다양한 의견을 한데 모아 협동하는 일이, 토론은 논리적인 근거로 상대방을 설득하는 일이 중요합니다. 토의는 누군가를 설득하거나 이겨야 하는 것이 아니기 때문에 서로 협력해서 생각의 폭을 넓히고 좋은 결정을 내릴 때 필요해요. 반면 토론은 한 문제를 놓고 찬성과 반대로 나뉘어 서로 대립하는 과정을 거치지요. 넓은 의미에서 토론은 토의까지 포함하는 경우가 많습니다. 토론과 토의 모두 논리적으로 생각 체계를 세우고, 사고력과 창의성을 높이는 데 도움을 준답니다.

토론의 올바른 자세

말하는 사람
1. 자신의 말이 잘 전달되도록 또박또박 말해요.
2. 바닥이나 책상을 보지 말고 앞을 보고 말해요.
3. 상대방이 자신의 주장과 달라도 존중해 주어요.
4. 주어진 시간에만 말을 해요.
5. 할 말을 미리 간단히 적어 두면 좋아요.

듣는 사람
1. 상대방에게 집중하면서 어떤 말을 하는지 열심히 들어요.
2. 비스듬히 앉지 말고 단정한 자세를 해요.
3. 상대방이 말하는 중간에 끼어들지 않아요.
4. 다른 사람과 떠들거나 딴짓을 하지 않아요.
5. 상대방의 말을 적으며 자기 생각과 비교해 봐요.

체계적으로 생각하기

외래 동물이 늘어나지 않게 하려면 어떻게 해야 할까요?

다음 기사는 외래 동식물 증가로 인한 생태계 피해에 수의사의 책임도 있다는 내용을 담고 있습니다. 잘 읽고 질문에 답해 보세요.

국내에 침입한 외래종의 경로 파악과 통제, 관리 등은 환경부가 전적으로 담당하고 있다. 그러나 농식품 관리에 치중하고 있는 환경부가 외래종을 관리하기에는 한계가 있을 수밖에 없다. 미국은 외래종을 한 부처에서 관리하고 있으며, 일본은 외래 생물의 유입을 엄격히 통제하고 있다. 또한 외래 생물 관리에 대한 책임과 방제 비용 등을 원인자에게 부담시키는 것을 원칙으로 한다. 우리나라는 여러 기관별로 나뉘어 있는 외래 생물 전담 기구를 국가생물다양성위원회의 실무위원회를 중심으로 관리할 계획이다. 위원회는 실무위원장을 비롯한 20인 이내의 위원으로 운영된다.

최근에는 국가생물다양성기관연합 53개 소속 기관의 담당자와 연구자가 전국의 생물 생태계 현황을 조사하기도 했다. 하지만 아직까지 외래종의 국내 유입을 근본적으로 차단하거나 관리할 수 있는 법령은 나오지 않고 있다.

(중략)

국내에 유입된 외래종들을 먼저 확인할 수 있는 것도 수의사다. 수의사는 전문가로서 확인이 가능하고, 그에 대한 관리도 할 수 있다. 동물 유입부터 수의사가 관리해야 하는 이유다. 수의사들이 동물 및 축산물 검역을 담당하는 국립수의과학검역관으로 근무하고 있지만, 그 수가 턱없이 부족하다.

검역을 통과한 이후 외래종에 대한 관리가 전무한 것도 문제다. H그룹 회장의 부인이 제주 민속촌에 전시하기 위해 울음고니를 수입했으나 제동목장에서 관리했다는 사실도 파악하지 못했으며, 폐업한 동물원에서 수입된 동물들이 방치된 것도 확인하지 못했다. 적법한 절차를 거쳐 수입된 외래종의 상황조차 파악하지 못하면 외래종으로 인한 피해 상황을 확인하는 것은 더더욱 어렵다.

데일리개원 2018/06/05

1. 우리나라에 외래종이 침입하는 데 있어서 수의사는 어떤 책임을 가지고 있을까요? 기사를 읽고 정리해 보세요.

2. 외래 동식물의 확산을 방지하기 위해 정부 차원에서 해야 할 일은 무엇일까요?

논리적으로 말하기 1

외래 동식물을 우리 환경에 맞게 이용할 수는 없을까요?

왕우렁이는 외래 동물로, 생태계 교란 위험이 있어요. 하지만 농약을 사용하지 않는 유기농 농사에는 왕우렁이가 꼭 필요하지요. 기사를 읽은 다음에 제시한 문제에 대해 생각하고 말해 보세요.

앵커 경기도 광주시가 친환경 쌀 재배를 위해 왕우렁이를 공급하고 있다는 소식을 중심으로 전해 드리겠습니다. 성남지국 유영수 기자입니다.

기자 논의 잡초를 제거하기 위해 왕우렁이를 투입하는 친환경 농법이 각광받고 있죠. 광주시가 올해도 왕우렁이 8t어치를 풀어 친환경 쌀 재배에 나섰습니다. 이른 아침 광주시의 한 마을 회관 앞에 농민들이 모여듭니다. 논에 뿌릴 왕우렁이를 받기 위해서입니다. 광주시는 올해 8.2t의 왕우렁이를 친환경 쌀 재배 농가에 공급하고 있습니다. 농민 진성옥 씨도 지원받은 왕우렁이를 1만㎡의 논에 뿌리고 있습니다. 12년 전부터 왕우렁이를 투입했는데, 잡초 제거 효과가 워낙 좋기 때문입니다.

진성옥/광주시 도척면 (왕우렁이가) 밤이고 낮이고 일을 하더라고요. 우렁이를 안 넣을 때는 풀 감당을 못해요. 아무리 제초기가 좋은 게 많이 나와 있어도, 제초기를 아무리 써도 며칠 있으면 또 풀이 올라오는 거예요.

기자 농민 이영선 씨 역시 왕우렁이 농법의 효과를 톡톡히 보고 있습니다. 농약을 쓰지 않아 건강이 좋아지고, 물이 오염되지 않아 안심이 되고, 또 생태계도 눈에 띄게 좋아졌다고 말합니다.

이영선/광주시 도척면 개구리가 많아졌고, 뱀도 많아졌고, 또 거머리, (물)방개 그런 것들이 살고, 또 민물고기도 있죠. 미꾸라지 그런 게 많아요.

기자 그러나 외래종인 왕우렁이가 생태계를 교란한다는 논란이 일면서 올해부터는 왕우렁이가 월경하지 않도록 특히 관리에 신경을 쓰고 있습니다.

기홍도/광주시 농업기술센터 소장 이 왕우렁이가 물길을 따라 움직이기 때문에, 바깥으로 못 나가게 하기 위해서 이것(포집 망)을 설치한 것입니다.

기자 광주시는 또 왕우렁이 수거를 지원하고, 가을에 논 말리기와 논 깊이 갈이도 지원할 계획입니다.

SBS뉴스 2020/05/27

1. 농가에서 외래 동물인 왕우렁이를 사용하려면 어떻게 해야 할까요?

2. 왕우렁이처럼 우리에게 도움이 되는 외래 동식물에는 어떤 것이 있을까요? 책이나 인터넷 등을 찾은 다음 정리해서 말해 보세요.

논리적으로 말하기 2

생태계를 교란하는 외래 동식물은 죽이는 것만이 방법일까요?

천적이 없는 외래 동식물을 없애기 위해 사람들은 온갖 수단과 방법을 동원해요. 하지만 과연 이것이 옳은 것일까요? 다음 기사를 읽고 질문에 답해 보세요.

다른 곳에서 들어온 생물들을 외래종이라 한다. 외래종들은 원래 살던 생물인 재래종을 빠르게 멸종시킬 수 있다. 수수두꺼비는 하와이에서 오스트레일리아로 온 외래종이다. 오스트레일리아 농부들이 사탕수수 재배에 방해되는 풍뎅이들을 잡아먹게 하기 위해 데려왔다. 오스트레일리아로 온 수수두꺼비는 천적이 없었고 풍뎅이만을 잡아먹을 이유는 없었다. 3미터짜리 악어까지 잡을 수 있는 이들의 독은 무기였고, 어느새 오스트레일리아 생태계를 위협하는 외래종이 됐다.

갓 이사 왔을 때는 외래종을 위협하는 천적이나 병에 걸리게 할 박테리아가 없었기 때문에 수수두꺼비는 빠르게 늘어날 수 있었다.

생태계를 위협하는 외래종을 없애기 위해 약품 사용은 빠지지 않을 것이다. 하지만 정작 외래종은 사라지지 않고 도리어 다른 생물들이 영향을 받아 자연스럽게 생태계가 파괴되는 것이다. 영문 모른 채 끌려온 외래종은 살기 위해 생태계에서 우위를 차지하려고 다른 재래종에 위협을 가해야 하고 우리는 그들을 가해자로 의식해 죽일 수밖에 없다.

외래종을 무턱대고 죽이는 것이 아닌 재래종과 외래종이 함께 어떻게 살 수 있는지에 대한 방법을 고려해 볼 필요가 있다.

경기도 청소년 신문 2020/07/10

1. 여러분은 수수두꺼비 같은 외래종을 무조건 죽여야 한다고 생각하나요? 그렇다면 그 이유는 무엇인지 말해 보세요.

2. 수수두꺼비 같은 외래 동식물을 죽여서는 안 된다고 생각한다면 그 이유는 무엇인지 말해 보세요.

3. 수수두꺼비의 천적을 늘리면 어떻게 될까요? 수수두꺼비와 우리가 함께 공존할 수 있을까요? 책이나 인터넷 등을 통해 찾아본 뒤 정리해서 말해 보세요.

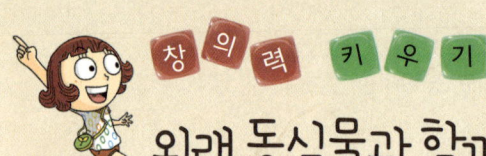

외래 동식물과 함께 살아갈 수는 없을까요?

어느 날부터 마을에 붉은 개미가 한두 마리씩 나타났어요. 사람들은 붉은 개미를 대수롭지 않게 생각했지요. 하지만 붉은 개미가 온 마을을 덮친 건 눈 깜짝할 사이의 일이었어요. 붉은 개미는 원래 살던 개미보다 힘이 세서 다른 개미들을 잡아먹고, 논밭을 차지해 버렸어요. 붉은 개미의 피해를 입지 않고 함께 어울려 살 방법이 있는지 자유롭게 생각을 정리해 보세요.

예시 답안

외래 동식물이 늘어나지 않게 하려면 어떻게 해야 할까요?

1. 국내에 유입된 동식물을 먼저 확인할 수 있는 것은 수의사다. 수의사는 전문가로서 확인이 가능하고, 그에 대한 관리도 할 수 있다. 수의사들이 동물 및 축산물 검역을 담당하는 국립 수의 과학 검역관으로 근무하고 있지만, 그 수가 턱없이 부족하다는 게 문제다.
2. 미국은 외래 동식물을 한 부처에서 관리하고 있으며, 일본은 외래 동식물의 유입을 엄격히 통제하고 있다. 또한, 외래 동식물 관리에 대한 책임과 방제 비용 등을 원인자에게 부담시키는 것을 원칙으로 한다. 우리나라는 외래 동식물을 관리하는 정부 부서도 없고, 설령 외래 동식물을 가져와 유기한 사람을 붙잡더라도 뚜렷한 처벌 규정이 없다. 느슨한 법 규정이 사람들로 하여금 더욱 불법을 저지르게 할 수도 있다고 생각한다.

외래 동식물을 우리 환경에 맞게 이용할 수는 없을까요?

1. 왕우렁이가 논밭에서 사육되는 건 안전하지만 이것이 밖으로 나가 번식하면 큰 문제가 생긴다. 다른 미생물은 물론이고 작은 생물들을 닥치는 대로 잡아먹기 때문이다. 그래서 농식품부는 농부들에게 모내기 전·후에는 용수로와 배수로에 차단 망과 울타리를 설치하고, 유실된 왕우렁이와 알은 성장하기 전에 반드시 수거해야 한다고 강조한다. 또 모내기가 끝나면 논밭에 살던 왕우렁이를 모두 수거해야 한다.
2. 고려 말 중국에서 가져온 목화씨처럼 우리에게 좋은 기능만 하는 외래 식물도 있다. 쌀·감자·옥수수는 배고픔을 덜어 준 착한 외래 식물이다.

생태계를 교란하는 외래 동식물은 죽이는 것만이 방법일까요?

1. 그 나라 생태계를 지키려면 죽여야 한다고 생각한다. 천적이 없는 동물은 다른 동물에게 피해를 줄 수밖에 없다.
2. 무조건 죽이는 것보다는 살아갈 수 있는 다른 방법을 찾는 것이 중요하다고 생각한다. 인간뿐 아니라 동물들도 모두 소중한 생명이기 때문이다.
3. 실제로 어떤 지역에서는 수수두꺼비의 천적으로 악어와 쿠올(작은 주머니고양이), 그리고 도마뱀을 늘렸다고 한다. 하지만 오히려 이것들은 멸종되어 버리고 말았다. 수수두꺼비는 귀밑샘에 독소를 가지고 있었는데, 적은 양만으로도 야생 동물과 가축에겐 치명적이다. 결국, 수수두꺼비를 먹은 포식자들은 죽음을 면치 못했다.

AI 시대 미래 토론

과학토론왕
정가 520,000원

✓ 뭉치북스가 만든 국내 최초 토론
✓ 한국디베이트협회와 교육

2017 세종도서 교양부문

2016년 우수건강도서

서울시 교육청 추천도서

2012 문화체육관광부 우수교양도서

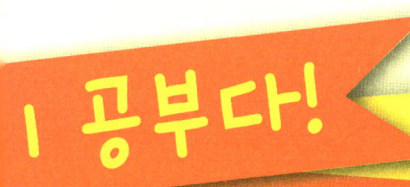

공부다!

인재를 위한 과서

200만 부 판매 돌파!

사회토론왕
정가 520,000원

✓ **초등 국어 교과서 선정 도서!**

문가들이 강력 추천한 책!

| 한우리 추천도서 | 경향신문 추천도서 | 경기도 초등토론 교육연구회 추천 | 경기도 지부 독서 골든벨 선정도서 | 환경정의 어린이 환경책 권장도서 |

학교도서관 사서협의회 추천도서   한국 아동문학인협회 우수도서

수학이 쉬워지고, 명작보다 재미있는
뭉치수학왕

"인공지능(AI) 시대의 힘은 수학에서 나온다!"

개념 수학

〈수와 연산〉
1. 양치기 소년은 연산을 못한대
2. 견우와 직녀가 분수 때문에 싸웠대
3. 가우스, 동화 나라의 사라진 0을 찾아라
4. 가우스는 소수 대결로 마녀들을 물리쳤어
5. 앨런, 분수와 소수로 악당 히들러를 쫓아내라
6. 약수와 배수로 유령 선장을 이긴 15소년

〈도형〉
7. 헨젤과 그레텔은 도형이 너무 어려워
8. 오일러와 피노키오는 도형 춤 대회 1등을 했어
9. 오일러, 오즈의 입체도형 마법사를 찾아라
10. 유클리드, 플라톤의 진리를 찾아 도형 왕국을 구하라
11. 입체도형으로 수학왕이 된 앨리스

〈측정〉
12. 쉿! 신데렐라는 시계를 못 본대
13. 알쏭달쏭 알라딘은 단위가 헷갈려
14. 아르키는 어림하기로 걸리버 아저씨를 구했어
15. 원주율로 떠나는 오디세우스의 수학 모험

〈규칙성〉
16. 떡장수 할머니와 호랑이는 구구단을 몰라
17. 페르마, 수리수리 규칙을 찾아라
18. 피보나치, 수를 배열해 비밀의 방을 탈출하라
19. 비례배분으로 보물섬을 발견한 해적 실버

〈자료와 가능성〉
20. 아기 염소는 경우의 수로 늑대를 이겼어
21. 피스칼은 통계 정리로 나쁜 왕을 혼내 줬어
22. 로미오와 줄리엣이 첫눈에 반할 확률은?

〈문장제〉
23. 개념 수학─백점 맞는 수학 문장제①
24. 개념 수학─백점 맞는 수학 문장제②
25. 개념 수학─백점 맞는 수학 문장제③

〈융합 수학〉
26. 쌍둥이 건물 속 대칭축을 찾아라(건축)
27. 열차와 배에서 배수와 약수를 찾아라(교통)
28. 스포츠 속 황금 각도를 찾아라(스포츠)
29. 옷과 음식에도 단위의 비밀이 있다고?(음식과 패션)
30. 꽃잎의 개수에 담긴 수열의 비밀(자연)

〈창의 사고 수학〉
31. 퍼즐탐정 썰렁홈즈①─외계인 스콜피오스의 음모
32. 퍼즐탐정 썰렁홈즈②─315일간의 우주여행
33. 퍼즐탐정 썰렁홈즈③─뒤죽박죽 백설 공주 구출 작전
34. 퍼즐탐정 썰렁홈즈④─'지지리 마란드러' 방학 숙제 대작전
35. 퍼즐탐정 썰렁홈즈⑤─수학자 '더하길 모테'와 한판 승부
36. 퍼즐탐정 썰렁홈즈⑥─설국열차 기관사 '어드로 달리능기라'
37. 퍼즐탐정 썰렁홈즈⑦─해설 및 정답

〈수학 개념 사전〉
38. 수학 개념 사전①─수와 연산
39. 수학 개념 사전②─도형
40. 수학 개념 사전③─측정·규칙성·자료와 가능성

정가 520,000원